GÖTTINGEN

CHI

AF720913

WEITERE STADTFÜHRER AUS UNSERER REIHE

Bamberg • Bayreuth • Braunschweig • Erfurt • Chemnitz • Flensburg • Gotha • Goslar • Halle (Saale) • Hameln • Hildesheim • Jena • Kiel • Magdeburg • Meiningen • Oldenburg • Osnabrück • Paderborn • Rostock • Zeitz

mitteldeutscher verlag

Wissenschaft, Kultur und viel Natur: das ist Göttingen

TOP-TIPPS

ALTES RATHAUS

Von außen ein Blickfang, innen ein Schmuckstück: Das historisches Gebäude am Marktplatz sollte man besucht haben. Obendrein ist hier die Tourist-Information zu finden, die zahlreiche Anregungen und Stadtführungen bietet. S. 24

GÄNSELIESELBRUNNEN

Mit dem „meistgeküssten Mädchen der Welt" gehen Göttinger Doktoranden auf Tuchfühlung. Auch für alle anderen lohnt sich das Rendezvous mit dem Gänseliesel am schönen Marktplatz der Stadt. S. 26

KIRCHE ST. JACOBI

Es beeindrucken der im Stil der Renaissance gestaltete Innenraum und ein prachtvoller Flügelalter. Der lauschige Kirchplatz, von Straßencafés gesäumt, ist ein schöner Ort zum Innehalten an der belebten Fußgängerzone. S. 31

STÄDTISCHES MUSEUM

Im ehemaligen Adelspalais präsentiert sich die Entwicklung der Stadt – von der ersten Besiedlung über die Gründung der Universität bis in die Neuzeit. Nicht nur die neu gestaltete Ausstellung zur Kirchenkunst ist den Besuch wert. S. 62

ETHNOLOGISCHE SAMMLUNG

Auf den Spuren von Kapitän James Cook: Eine der weltweit bedeutendsten ethnologischen Sammlungen lädt u. a. zu einer Südseereise ein. Mehr als 16.000 Exponate bieten Einblicke in einige Jahrhunderte Kulturgeschichte. S. 65

ENTDECKER-TIPPS

HISTORISCHES UNIVERSITÄTSGEBÄUDE

In der Paulinerkirche, einer ehemaligen Klosterkirche, reihen sich wertvolle Handschriften und seltene Drucke. Zu besonderen Veranstaltungen öffnen sich die Tore. Im Hof grüßen Lichtenberg und eine Skulptur von Günter Grass. S. 46

THEATER IM OP

Dramen, Komödien und andere Darbietungen im ehemaligen Operationssaal der Universität. Das gibt es nur in Göttingen! Eine Besonderheit ist die Arenabühne, hier sitzen die Zuschauer zu den Seiten auf Tribünen. S. 89

KARZER

Einsitzen wie einst Göttinger Studenten: Was ihnen blühte, wenn sie „Unfug aller Art" getrieben hatten, können Besucher dieses Ortes erleben. Wahre Kunstwerke, entstanden während der Haftstrafen, zieren die Wände der Räume. S. 59

SALINE LUISENHALL

In Europas einziger Pfannensaline wird noch Salz produziert wie zu Kaisers Zeiten. Das angeschlossene Badehaus mit Natursolebad und Soledampfbad bietet Wellness der ganz besonderen Art. S. 103

NOBELRONDELL

Acht Göttinger Wissenschaftler, die den Nobelpreis erhielten, liegen auf dem Stadtfriedhof begraben. Ihnen ist dieses besondere Denkmal gewidmet – ein Sechzehneck mit aus den Eckpunkten herauswachsenden Stelen. S. 104

WILLKOMMEN IN GÖTTINGEN

Wissenschaft besitzt eine Schönheit, die sich auch in sehenswerten Orten widerspiegelt. Dies zeigt sich ganz besonders in Göttingen. Auf den ersten Blick bietet sich ein Bild wie in vielen kleineren Städten. Durch neu gewachsene Viertel leiten die Zufahrtsstraßen, doch wer erst einmal angekommen ist im historischen Zentrum, spürt es sofort, das Erbe der Georgia Augusta. Die im Jahr 1737 gegründete Universität brachte zahlreiche große Gelehrte hervor, darunter viele Nobelpreisträger, die ihre Spuren in der Stadt hinterließen.

Hierher zieht es besonders viele Menschen, die ein Studium beginnen oder in der Forschung und Lehre arbeiten. Dennoch – oder gerade deswegen – hat Göttingen auch aus touristischer Sicht viel zu bieten. Viele Orte berichten von wissenschaftlichen Errungenschaften. Die Sammlungen der Institute bereichern die kulturelle und museale Landschaft, vor allem sonntags öffnen sie ihre Türen für alle, die ein weiteres Stück Geschichte kennenlernen möchten. In der Stadt unterwegs, kann sich unerwartet ein „archäologisches Fenster“ öffnen, die Planeten des Sonnensystems grüßen im Originalmaßstab, und eine Tafel weist auf das Haus hin, in dem Goethe zu Gast war.

Schmucke Details entdecken

Besonders eindrucksvoll sind auch die Kontraste, die die heutige Großstadt bilden. Die Historie der Universität ist rund um das Johannisviertel zu erleben, während sich nördlich der Innenstadt das aktuelle Hochschulleben abspielt. Den modernen Forschungseinrichtungen stehen mittelalterliche Strukturen gegenüber, Fachwerkhäuser, viele Kirchen und romantische Winkel in der Innenstadt. Im Albaniviertel sind die Wurzeln des einstigen Dorfes „Gutingi" zum Greifen nah, das im Jahr 953 erstmals urkundlich erwähnt wurde.

Die gesamte Stadt ist durchwoben von einem regen kulturellen Leben, das durch Events und Institutionen wie die Händelfestspiele, das Jazzfestival oder das Deutsche Theater über die Landesgrenzen hinaus bekannt ist. Zugleich ist die Universitätsstadt mit fast 30.000 Studierenden ein Ort, an dem unkonventionelle Bühnen, Programmkinos, Läden und Kneipen ihren Platz gefunden haben.

Auch das Grün ist stets nah in Göttingen. Ein Spaziergang auf dem Stadtwall lädt zum Durchatmen ein, von dort sind beliebte Naherholungsgebiete schnell erreicht, etwa die Schillerwiese mit dem angrenzenden Stadtwald. Im Südwesten locken der Kiessee und die Leine sowie ein reichhaltiges Sport- und Freizeitangebot. Rund um die Stadt verteilen sich Ausflugsmöglichkeiten wie die Burgen Plesse und Hardenberg, das Kloster Bursfelde, die Northeimer Seen und schöne Radwanderwege.

Im Zentrum Deutschlands gelegen, ist Göttingen ein attraktives Ziel für Kurzurlaube und Geschäftsreisen. Die Messestädte Hannover und Frankfurt am Main sind schnell erreicht, verkehrsgünstig ist auch die Vernetzung mit den Metropolen Hamburg und München: Göttingen liegt unmittelbar an der Nord-Süd-Achse A 7 und der ICE-Strecke der Deutschen Bahn. Die Stadt hat sich mit einem breiten Übernachtungsangebot darauf eingestellt.

Ob neu zugezogen, als Tagesgast oder Urlauber, eines ist sicher: In Göttingen sind Sie willkommen!

VERANSTALTUNGS-KALENDER

FEBRUAR

Göttinger Figurentheatertage Das Festival beweist seit 1985, dass Puppenspiel auch etwas für Erwachsene ist. www.figurentheatertage.goettingen.de

APRIL

Göttingen zieht an Die Göttinger Innenstadt wird zur Modemeile. In vielen geöffneten Geschäften kann man an diesem Sonntag nach Herzenslust bummeln, es gibt Modenschauen und ein abwechslungsreiches Programm in den Seitenstraßen. www.procity.de

Jedermann-Radrennen „Tour d' Energie" Mit mehr als 3.000 Teilnehmern gehört das Göttinger Jedermann-Radrennen zu den größten Rad-Veranstaltungen bundesweit. www.goesf.de • www.tourdenergie.de

MAI

Internationale Händel-Festspiele Das weltweit älteste Festival für Alte Musik findet seit 1920 jährlich in Göttingen statt. Zwölf Tage lang werden die Ohren verwöhnt. Über 20.000 Gäste nutzen das Programm mittlerweile. www.haendel-festspiele.de

JUNI

Pop meets Classic Die Konzertreihe in der Lokhalle besitzt Kultstatus und überrascht jedes Mal aufs Neue. Mehr als 55.000 Besucher zieht es dazu in die Lokhalle. www.lokhalle.de

Nacht der Kultur Musik, Literatur, Theater, bildende Kunst, Tanz und vieles mehr – an rund 30 verschiedenen Veranstaltungsorten. www.procity.de

Open Air Kino im Freibad am Brauweg Von Ende Juni bis Ende August verwandelt das Kino „Lumière" das Freibad in ein Freiluftkino mit Filmhits, Klassikern und Kultfilmen. Einlass ist jeweils ab 20 Uhr mit der Möglichkeit zum abendlichen Schwimmen. www.kultursommer.goettingen.de • www.lumiere.de

JULI

Göttinger Kultursommer Bis in den August oder September hinein gibt es Konzerte, Lesungen und Festivals an zahlreichen Orten. www.kultursommer.goettingen.de

AUGUST

Rock am Kauf Park Vor dem Einkaufszentrum wird gerockt, bis die Saiten reißen. Bands, die seit höchstens vier Jahren zusammenspielen und aus Südniedersachsen oder aus nahen Regionen der angrenzenden Bundesländer kommen, können an dem Contest teilnehmen. www.rock-am-kauf-park.de

Open Air im Kaiser-Wilhelm-Park Alljährlich gibt es an Südniedersachsens wohl schönster Live-Location ein Festival unter freiem Himmel: im historischen Kaiser-Wilhelm-Park mitten

Für ihre besonderen Kulturveranstaltungen ist die Stadt bekannt

im Göttinger Stadtwald. www.kultursommer.goettingen.de

SEPTEMBER

Göttinger Gänselieselfest Stadtfest rund um das Göttinger Wahrzeichen mit verkaufsoffenem Sonntag und einem vielfältigen Bühnenprogramm auf dem Marktplatz. Höhepunkt des beliebten Festes ist die Wahl des Gänseliesels. www.gaenseliesel-fest.de

OKTOBER

Göttinger Literaturherbst Ein Genuss für Freunde nationaler und internationaler Literatur. Teils weltbekannte Autoren lesen aus ihren Werken. www.literaturherbst.com

Kinder- und Jugendbuchwoche Seit 1968 ist die Göttinger Kinder- und Jugendbuchwoche der Gewerkschaft Erziehung und Wissenschaft (GEW) eine feste Größe. Ausstellungen, Vorträge, Workshops, Kino, Theater u. v. m. www.gew-goettingen.de

NOVEMBER

Göttinger Jazzfestival Seit 1978 jedes Jahr wieder ein Highlight für Freunde der Jazzmusik. www.jazzfestival-goettingen.de

DEZEMBER

Weihnachtsmarkt am Alten Rathaus Über 80 festlich geschmückte Stände verbreiten ab Ende November bis Ende Dezember (an den Feiertagen geschlossen) rund um das Alte Rathaus und die Johanniskirche vorweihnachtliche Stimmung. www.goettinger-weihnachtsmarkt.de

TIPP Aktuelle Details unter www.kalender.goettingen.de sowie bei der Tourist-Information (S. 139).

STADT, DIE WISSEN SCHAFFT

Die Worte, mit denen sich Göttingen präsentiert, bringen es auf den Punkt: Diese Stadt ist eine Größe in der Wissenschaft, und es lohnt sich sehr, hier zu studieren. Das Erbe aus fast drei Jahrhunderten **Georg-August-Universität** (S. 86) ist auch spannend für Menschen, die nicht mit dem Hochschulleben verbunden sind oder glauben, dass es ihnen fernliegt.

Viele Sehenswürdigkeiten in Göttingen und Umgebung haben einen wissenschaftlichen Hintergrund. So befindet sich in der **Paulinerkirche** (S. 45) heute ein Teil der Universitätsbibliothek, und überall wird man an große Gelehrte erinnert wie etwa Georg Christoph Lichtenberg. Sein ehemaliges Wohnhaus in der Gotmarstraße beherbergt heute eine Kunstgalerie. Ein Name prägte die Stadt so nachhaltig, dass sie auf dem früheren 10-D-Mark-Schein in die Welt getragen wurde: Die Vorderseite ziert das Porträt von Carl Friedrich Gauß, dahinter sind Göttinger Bauwerke zu sehen.

Vielerorts ist die Wissenschaft in Göttingen unmittelbar greifbar und lädt zum Entdecken oder Mitmachen ein. Der **Gauß-Weber-Laser** (S. 71) am Geismar Tor birgt Botschaften wie einst der Telegraf, den die Physiker Gauß und Weber erfanden. Wem gelingt es, sie zu entschlüsseln? (Der Code dafür ist auf Seite 71 zu finden). Astronomisch Begeisterte können sich auf den **Planetenweg** (S. 42) begeben und dabei kosmische Größenverhältnisse erwandern. Am Hainberg ist die **Wiechert'sche Erdbebenwarte** (S. 99) zu besichtigen, und mit dem **Theater im OP** (S. 89) besitzt Göttingen das wohl ungewöhnlichste Studententheater. Im **Karzer** (S. 59), dem historischen Universitätsgefängnis, ist zu erleben, was einst „straffälligen" Studenten blühte. Viele Einrichtungen der Universität stehen auch Besuchern offen. So ermöglicht die **Geowissenschaftliche Sammlung** (S. 93) eine Reise in die Erdgeschichte und die **Ethnologische Sammlung** (S. 65) zeigt Kulturschätze, die James Cook von seinen Weltreisen mitbrachte. Bei der öffentlichen Ringvorlesung in der **Aula am Wilhelmsplatz** (S. 58) sind alle Interessierten eingeladen, den Ausführungen der Dozenten zu lauschen. Die Lebensläufe von 43 Nobelpreisträgern sind eng mit der Stadt und der Georgia Augusta verbunden. Zwölf von ihnen erhielten die Auszeichnung für Arbeiten, die in Göttingen entstanden. Das **Nobelrondell** (S. 104) auf dem Stadtfriedhof erinnert an acht Nobelpreisträger, die hier begraben liegen. Einige Göttinger Wissenschaftler gingen durch ihre Standhaftigkeit und Zivilcourage in die Geschichte ein: Die **Göttinger Sieben** (S. 87) hatten gegen die Aufhebung des hannoverschen Staatsgrundgesetzes durch König Ernst August, Herzog von Cumberland, protestiert und wurden deshalb ihrer Ämter enthoben.

In der Ethnologischen Sammlung

Institute und Sammlungen verteilen sich über das gesamte Stadtgebiet, ergänzt durch ein Netzwerk außeruniversitärer Forschungseinrichtungen wie die Akademie der Wissenschaften, die Max-Planck-Institute, das Deutsche Primatenzentrum und das Deutsche Zentrum für Luft- und Raumfahrt.

Schon so manche, die aus ganz anderen Gründen nach Göttingen kamen, entdeckten in dieser Stadt ihre Leidenschaft für Forschung und Lehre.

IM GRÜNEN DURCH GÖTTINGEN

Erholung zu finden fällt leicht in der Leinestadt Göttingen: Bis ins nächste Grün sind es oft nur wenige Schritte. Auf dem historischen **Stadtwall** (S. 72), heute reich bepflanzt, lässt sich die City beinahe komplett umrunden. Kleine Straßen und Gassen verbinden ihn mit dem Zentrum. Bei dem Spaziergang passiert man auch besondere Plätze wie das **Gauß-Weber-Denkmal** (S. 74) und das **Bismarckhäuschen** (S. 74), in dem der frühere Reichskanzler für einige Monate lebte.

Viele Wege führen vom Wall zu anderen lauschigen Orten. Es geht z. B. in den **Alten Botanischen Garten** (S. 92) mit seinen historischen Gewächshäusern oder in den **Cheltenhampark** (S. 55) mit seinem Schwänchenteich. Bei warmen Wetter füllen sich die Caféterrassen und Biergärten entlang der alten Stadtbefestigung, sei es der Beachclub an der **Odilienmühle** (S. 75), das „Café Botanik" oder das Bistro mit Außenplätzen vor dem **Deutschen Theater** (S. 63).

Ein weiterer schöner Spazierweg verläuft mitten durch die Innenstadt, parallel zur belebten **Weender Straße** (S. 30): Am **Christian-Gottlob-Heyne-Ufer** (S. 45) führt ein Fußweg entlang des Leinekanals, der einen vergessen lässt, das

Das Gauß-Weber-Denkmal

Göttingen eine Großstadt ist. Die Leine selbst, Göttingen im Westen passierend, bietet mit ihren Ufern weitere Möglichkeiten für Wanderer und Radfahrer. Auch für Kanu- und Kajaktouren ist sie das ideale Gewässer. Wer lieber Tretboot oder Ruderboot fährt, begibt sich zum nahe gelegenen **Kiessee** (S. 102). Es locken dort weite Wiesen, Spielplätze und das Restaurant-Café „Haus am See“. Unweit davon zieht es Naturbadefreunde zum Rosdorfer Baggersee.

Im Osten der Stadt beginnt mit der **Schillerwiese** (S. 98) ein Naherholungsgebiet, dass sich über den Hainberg bis hinauf in den Göttinger Wald fortsetzt. Ein Geflecht von Wanderwegen offenbart auch historische Stätten und schöne Rastplätze. Es grüßt die Nixe im **Kleinen Reinsbrunnen** (S. 98), die einer Sage zufolge etwas über ungeborene Geschwister weiß. Man begibt sich auf den **Eulenturm** (S. 100) oder auf den **Bismarckturm** (S. 100) mit seinem grandiosen Blick über Göttingen. Unweit davon lädt der Biergarten beim **Wildgehege am Kehr** (S. 100) zur Rast ein. Wer zum passenden Zeitpunkt kommt, kann wenige Meter weiter Bachen und ihre Frischlinge beobachten. Schließlich entfaltet sich der Wald zu einem weiten Spazier- und Wandergebiet, das auch ganztätige Touren ermöglicht. Ein besonderer Platz mittendrin ist das **Kerstlingeröder Feld** (S. 102). Wo einst Panzer zu Übungszwecken rollten, hat sich eine wilde Landschaft mit blühenden Wiesen, Obstalleen und Tümpeln entwickelt, in der auch der Enzian wächst. Den Wegen weiter folgend, geht es bis nach **Herberhausen** (S. 110) mit Dorfidylle und mittelalterlicher Kirche.

Weitere stadtnahe Waldgebiete säumen das nördliche Viertel **Weende** (S. 105). Die Gemäuer der **Burg Plesse** (S. 110) sind ein lohnendes Ziel. Noch ein Stückchen weiter gelangt man zum **Gräflichen Landsitz Hardenberg** (S. 111). Und so lässt sich die Tour beliebig erweitern. Wer möchte, entdeckt noch das grüne Umland mit den **Northeimer Seen** (S. 111) bis hin zum Harz.

FAMILIENSPASS IN UND UM GÖTTINGEN

Langeweile? – von wegen! Rund 40 Spielplätze und -flächen gibt es im Göttinger Stadtgebiet. Viele liegen in schönen Grünanlagen wie der **Kletterwald auf der Schillerwiese** (S. 137), das **Piratenschiff im Cheltenhampark** (S. 55) oder der **Spielplatz am Kiessee** (S. 137). Bei schlechtem Wetter, aber auch an schönen Tagen ist der Indoor-Spielplatz **Kinderstadt** in Rosdorf eine beliebte Adresse. Familienspaß bieten z.B. die **Drachenwiese** an der Reinhäuser Landstraße mit ihren perfekten Windverhältnissen (Tipp: das jährliche Drachenfest im Herbst!) und der **Minigolf-Platz am Hainholzweg** in herrlicher Lage unter Bäumen. Oder soll es lieber ein Ausflug zum **Wildgehege am Kehr** (S. 100) sein?

Die Großen zieht es z.B. zur **Funsporthalle** des SC Hainberg auf den Zietenterrassen mit ihrem coolem BMX- und Skateboard-Parcours oder zur **Skate-Anlage** bei der Integrierten Gesamtschule in **Geismar** (S. 102). Auch in den städtischen Grünanlagen finden sich viele Gelegenheiten zum Inlineskaten oder Beisammensein. Ein Hotspot für Kletterbegeisterte ist das **RoXx** (S. 137) auf dem Campus-Gelände am Sprangerweg. Rund 400 Quadratmeter Kletterfläche warten darauf, erobert zu werden. Apropos Uni: In Göttingen kann man schon als Grundschüler erleben, wie spannend

Wissenschaft ist. Für Dritt- bis Sechstklässler gibt es alljährlich Vorlesungen in der **Kinder-Uni**.

Fast schon beispielslos ist die hohe Dichte an lohnenswerten Freibädern. Die großen Drei, die sich über das ganze Stadtgebiet verteilen, präsentieren jedes für sich eine schön gestaltete, gepflegte Anlage mit reichlich Platz: Ruhig und idyllisch in **Weende**, zentral und meist sehr belebt am **Brauweg** – beide mit 10-Meter-Sprunganlage und toller Wasserrutsche! – und besonders naturverbunden in **Grone** (alle S. 137). Keinesfalls verpassen sollten Kids und Erwachsene das sommerliche **Open-Air-Kino** (S. 8) im Freibad am Brauweg mit Abend-Badebetrieb, Popcorn und großer Leinwand.

Ganz in der Nähe lockt das **Badeparadies Eiswiese** (S. 137). Die 71-Meter-Reifen-Wildwasserrutsche und die 52 Meter lange Turbo-Steilrutsche mit elektronischer Zeitmessung sind jeden Herbst Schauplatz der Göttinger Rutschmeisterschaft. Ganzjährig bietet die Badelandschaft einen Wildwasserströmungskanal, einen Geysir und für die Kleinsten eine Spiellandschaft mit Baumhaus und Superrutsche.

Kletterzentrum RoXx

Für Tagesausflüge gibt es der Region Göttingen einige Highlights. Nur wenige Autobahnabfahrten (A 7) sind es bis zum **Heidepark Soltau** mit der berühmten Holzachterbahn. Ein kleines Juwel ist der **Erlebnispark Ziegenhagen** (S. 113) bei Witzenhausen, geführt von Familie Surup. Das Motto lautet: Tiere, Technik, Spiel und Spaß. Im **Alternativen Bärenpark Worbis** (S. 113) mit Bauernhof und Streichelzoo sind Meister Petz und noch fast 20 weitere Tierarten zu entdecken.

Andere Ausflugsziele gefallen der ganzen Familie. Wie wäre es z. B. mit einem Besuch im **Zoologischen Museum** (S. 105) mit seinem 17 Meter langen Pottwal-Skelett? Bei Klein Lengden in der **Historischen Spinnerei Gartetal** (S. 112) ist zu erleben, wie Garnherstellung zu Urgroßmutters Zeiten funktionierte. Und eines sei noch verraten: In der **Burgruine Hardenberg** (S. 111) werden Gespenstergeschichten wahr.

DAS GÖTTINGER LAND MIT DEM RAD ENTDECKEN

Wer am Göttinger Bahnhof aus dem Zug steigt, hat keinen Zweifel: Radfahrer gibt es in dieser Stadt reichlich. Ein Großteil des Vorplatzes steht voll mit Drahteseln, in einer Masse, die verwundert: Wie findet hier jeder sein eigenes Rad wieder? Es gelingt auf geheimnisvolle Weise. Das hohe Aufkommen erklärt sich mit der hohen Zahl der Studierenden, auch ist das preiswerte Transportmittel wie geschaffen für Göttingen mit seinen überschaubaren Distanzen. Und doch ist dies eher eine ausgesprochene Spaziergänger- oder Wandererstadt als ein Mekka für Pedalisten. Das Netz der Radwege ist noch ausbaufähig, doch es lohnt z. B. eine Tour über die Wege der Wallanlagen. Für Freunde des Mountainbiking gibt es am **Hainberg** im Stadtwald einige Bergab-Routen.

Die schönsten Strecken für Radfahrer liegen im Grünen und im Göttinger Umland. Der ADFC Kreisverband Göttingen bietet von April bis Oktober ein umfangreiches Spektrum an geführten Radtouren durch die nähere und weitere Umgebung an – von sportlich orientierten Klassikertouren bis hin zu spannenden und lehrreichen Thementouren. Das Angebot ist kostenlos, Spenden sind willkommen (www.adfc-goettingen.de).

Göttingen liegt auch unmittelbar am rund 400 Kilometer langen **Leine-Heide-Radweg** (S. 103). Wer sich die ganze Strecke vornimmt, startet im thüringischen Eichsfeld, passiert viele historische Städte, die Landeshauptstadt Hannover und die Lüneburger Heide. Der Fernradweg führt bis in die Hansestadt Hamburg. Unterwegs lassen sich neben der Landschaft Orte in der Umgebung erkunden, z.B. das Schloss Marienburg bei Nordstemmen oder die Stadt Alfeld mit dem UNESCO-Welterbe Faguswerk.

Nach einer kleinen Anfahrt mit dem Auto oder der Bahn bietet das Göttinger Land noch weitere Attraktionen für Radler. Im nahe gelegenen (ca. 30 km) Hann. Münden geht es auf den **Weser-Radweg** bis nach Cuxhaven, wenn man möchte. Mit seiner abwechslungsreichen Landschaft zählt er zu den attraktivsten Radwanderwegen in Deutschland. Überwiegend abseits der Hauptverkehrsstraßen, auf gut befahrbaren Strecken und fast ohne Steigungen, ist er leicht zu bewältigen. Am Weser-Radweg gibt es sogar eine Kirche für Radfahrer: Die **Marienkirche in Gimte** wurde 2008 zur Radwegekirche erklärt. Sie liegt direkt am Fernradwanderweg und verfügt über einen Trinkwasserbrunnen, an dem sich Rastende erfrischen können.

Die Grünanlagen erkunden

Fast 60 Kilometer Kunst und Kultur gibt es auf dem **Radweg zur Kunst**. Er verläuft von Sarstedt bis Bad Gandersheim und gliedert sich in die fünf Teilabschnitte Wasser-Kunst-Weg, Romanik-Weg, Kontakt-Kunst-Weg, KunstbeWEGt und Skulpturenweg. Am Rande der gut befahrbaren Strecke befinden sich historische Bauten, Kunstobjekte und Besonderheiten der Natur. Wer noch weiter fahren möchte, kann dies ab Bad Gandersheim nahtlos tun: Hier schließt sich der Europa-Radweg R 1 (Calais – St. Petersburg) an.

KULTUR IN GÖTTINGEN

Genüsse für Ohren und Augen werden in Göttingen reichlich geboten, und dies in einem Spektrum von alternativ-unkonventionell bis hin zu gelebter Tradition. Viele klingende Events sind mit der Universitätsstadt verbunden, ganz besonders eines: Die **Internationalen Händel-Festspiele Göttingen** sind das weltweit älteste Festival für Barockmusik. Sie lösten mit der Wiederentdeckung der Opern Händels im Jahr 1920 über die Landesgrenzen hinaus eine Bewegung aus, die als „Göttinger Händel-Renaissance" in die Musikgeschichte einging. Jahr für Jahr um die Pfingstzeit steht die Stadt ganz im Zeichen des berühmten Komponisten, mit Freunden der Alten Musik, die aus aller Welt anreisen.

Eine Größe ist auch das **Göttinger Symphonie Orchester** mit 50 festen professionellen Musikern und weiteren Praktizierenden, künstlerischen Persönlichkeiten aus insgesamt 18 Nationen. Ihre Instrumente verschmelzen zu einem harmonischen Gesamtklang, der nicht nur in der Region seinesgleichen sucht. Durch zahlreiche Gastspiele genießt das Orchester in ganz Niedersachsen und darüber hinaus große Anerkennung. Einige der Musiker haben sich im **Göttinger Kammerorchester** zusammengefunden, einem internationalen Ensemble, das sich besonders den kammermusikalischen und solistischen Aufgaben widmet.

Livemusik aller Art gibt es in der **Stadthalle** (S. 50) und der **Lokhalle** (S. 104), den beiden großen Veranstaltungszentren, aber auch in vielen kleinen Lokalen und Bars. Teils bieten sie auch die Chance zum spontanen Mitmachen. Legendär ist z. B. die offene Bühne im Live-Club **Nörgelbuff** (S. 136). Eine langjährige Tradition hat das **Göttinger Jazzfestival**. Auch das alljährliche **Pop meets Classic** in der Lokhalle ist eine Konzertreihe mit Kultstatus, und das **Open Air im Kaiser-Wilhelm-Park** mitten im Göttinger Stadtwald kann für sich wohl den Status „Südniedersachsens schönste Live-Location" verbuchen. Weitere regelmäßige Events sind die **Nacht der Kultur** und der **Göttinger Kultursommer**, u. a. mit dem beliebten **Open Air Kino** im Freibad am Brauweg. Zum **Göttinger Literaturherbst** finden sich zahlreiche Autoren in der Stadt ein, und mit der **Kinder- und Jugendbuchwoche** ist auch der lesebegeisterte Nachwuchs versorgt.

Das ThOP – Theater im OP

Freunde des Darstellenden Spiels finden Theater in allen Facetten vor. Dem **Jungen Theater** (S. 76) gelang es, seinen Platz in der Kulturszene zu erobern und dennoch seiner alternativen Linie treu zu bleiben. Das **Deutsche Theater** (S. 63) beherbergt drei Bühnen im neoklassizistischen Bauwerk: Neben dem Großen Haus bieten der „DT Keller" und das „DT Studio" ein vielfältiges Repertoire.

Göttingen war übrigens auch Filmstadt. Der **Kandelaber** (S. 64) vor dem Deutschen Theater ging mit Heinz Erhardt in die Zelluloid-Geschichte ein. Unter den Kinos ist neben dem Multiplex-Standard am Hauptbahnhof besonders das **Lumière** (S. 136) zu erwähnen, ein Programmkino für besonderen Filmgenuss. Es zeigt künstlerisch herausragende Filme und Filmreihen, oft in Zusammenarbeit mit anderen Kultureinrichtungen und Initiativen in Göttingen.

RUND UM DEN MARKTPLATZ

Historische Bauten, lebendiges Treiben und das „meistgeküsste Mädchen der Welt" – es gibt viele Gründe für einen Bummel durch Göttingens Zentrum. Harmonisch vereint sich die Tradition der ehrwürdigen Universität mit den Annehmlichkeiten einer Großstadt. Einerseits geht es gediegen zu, andererseits sorgen viele junge Studenten alljährlich für ein buntes, abwechslungsreiches, wissbegieriges Leben in der Fußgängerzone und ihren schönen Seitenstraßen.

siehe große Karte S. 22/23

SEHENSWERTES

Altes Rathaus Von außen wie innen ein Schmuckstück. S. 24 1

Gänselieselbrunnen Das meistgeküsste Mädchen der Welt ist Göttingens Wahrzeichen. S. 26 3

Lange-Geismar-Straße Nette Läden, viele Imbisse und ein Glockenspiel. S. 30 8

Weender Straße Ein Bummel durch die Fußgängerzone. S. 30 9

Lichtenberg-Denkmal am Rathaus

St. Jacobi Innengestaltung, Turm und Kirchenkunst sind etwas Besonderes. S. 31 10

GASTRONOMIE

Bratwurstglöckle Das Urgestein unter den Göttinger Imbissen. S. 120 7

Villa Cuba Restaurant-Bar-Café mit heißen Rhythmen und Cocktails. S. 123 31

EINKAUFEN

Zindelhof Innenhof-Trödelladen mit Kultstatus. Ganz besonders schön zum Weihnachtsmarkt. S. 127 22

KULTUR UND FREIZEIT

Nörgelbuff Konzerte, offene Lesebühne, Salsa-Abende und andere Events. S. 136 26

Nikolau
Godehard-
str.
Berliner Str.
Berliner Str.
Berliner Str.
Berliner Str.
Grote-
fend-
Wall
Weender Str.
Waage-
pl.
Reitstall-
str.
Untere Ka
Unt.-Masch-Str.
Ob.-Masch-
Str.
Stumpfebiel
Müh-
len-
str.
Goethe-Allee
Prinzenstr.
Geiststr.
Neustadt
Papendiek
Gotmar-
str.
Paulinerstr.
Johannis-
str.
Zindel-
str.
Kornmarkt
Bar
Groner-Tor-Str.
Groner Str.
La
Gartenstr.
Gartenstr.
Angerstr.
Düstere Str.
Nikolai-
Turmstr.
Kurze Str.
Hospita
12
9
11
10
25
21
4
2
5
1
3
7
6
22
31
6
26
28

SEHENSWERTES

GASTRONOMIE

EINKAUFEN

KULTUR UND FREIZEIT

1 ALTES RATHAUS S. 22

TOP-TIPP

Mit seinen Zinnen, Spitzbögen, Erkern und Türmchen ist das Alte Rathaus der Blickfang an der Westseite des Marktplatzes. Bescheidender sah der um das Jahr 1270 errichtete Vorgängerbau aus. Er wurde rund hundert Jahre später (ab 1369) erweitert, als Göttingen einen wirtschaftlichen und politischen Aufschwung erlebte. Noch während des gesamten Mittelalters diente das Rathaus auch als Sitz der Kaufgilde, einem Zusammenschluss der Groß- und Fernhändler, die auch Spitzenpositionen in der Bürgerschaft inne hatten. Davon zeugt die ursprüngliche Bezeichnung des Gebäudes als „kophus" (Kaufhaus).

Den frei zugänglichen Eingangsbereich sollte man sich unbedingt ansehen: Ein Schmuckstück ist die Rathaushalle mit ihren prächtigen Täfelungen, Wandbildern und ornamentaler Deckenmalerei. Sie wurde im Zeitraum 1883 bis 1903 von Hermann Schaper neu gestaltet. Der Hannoveraner Künstler bewies dabei auch Sinn für Humor: An die Pflicht zur Steuerzahlung erinnert ein Bild über der Tür zur ehemaligen Kämmerei, also dem Raum für die finanziellen Angelegenheiten. Sie zeigt einen hageren Kämmerer, der einen deutlich beleibteren Bürger mit den Worten „Kinder, bringet juwe tinse, bolde bolde!" (wörtlich übersetzt: „Kinder zahlt eure Steuern, schnell, schnell!") dazu auffordert. Die Zierleiste mit den vielen Wappen berichtet von Göttingens Zugehörigkeit zur Hanse. Historiker halten dies für überzogen, weil die Verbindung der Stadt zu dem Handelsbündnis keineswegs so intensiv war, wie die pompöse Darstellung nahelegt. Das Alte Rathaus wurde noch bis 1978 für Verwaltungszwecke genutzt, dann übernahm das neue Rathaus am Hiroshimaplatz diese Funktion. Die ehrwürdige Halle wird nach wie vor gern für offizielle Anlässe und Feiern genutzt. Im Obergeschoss gibt es wechselnde Ausstellungen. Hinter dem Rathaus befindet sich die zentrale Bushaltestelle „Markt", an der alle Innenstadtlinien halten. In einem Nebenraum der Rathaushalle ist die Tourist-Information untergebracht.

Tourist-Information • Markt 9 • Tel.: 0551 499800 • www.goettingen.de • Mo.–Fr. 9.30–18 Uhr, Sa 10–18 Uhr, So. 10–14 Uhr (Nov.–März So. geschl.) •

2 MARKTPLATZ S. 22

Göttingern wie Besuchern gefällt der weitläufige Platz, gerahmt von Cafés, Restaurants und Eisdielen, an der Ostseite flankiert von der Fußgängerzone (Weender Straße). Man sitzt und genießt, sieht und wird gesehen oder vertieft sich in Diskussionen zur anstehenden Masterthesis. Besonders schön sind die Märkte und Events vor

► Café vor historischer Kulisse: am Marktplatz

der Kulisse des Alten Rathauses. Bereits im Mittelalter war der Göttinger Markt ein Handelsplatz von großer wirtschaftlicher Bedeutung für die Region; eine Tradition, die noch heute spürbar ist. Zu den verschiedensten Anlässen werden Buden, Stände und oft auch kleine Karussells aufgebaut. Neben dem Wochenmarkt gibt es z. B. einen Ostermarkt, ein Erntedankfest, zu besonderen Anlässen auch Modenschauen, Livekonzerte und andere Veranstaltungen. Geradezu märchenhaft ist der alljährliche Weihnachtsmarkt rund um das Rathaus und die benachbarte Johanniskirche.

Der 1251 errichtete Schuhhof an der Südseite des Marktplatzes war einst das älteste Gildehaus der Stadt. In dem noch erhaltenen gotischen Gewölbekeller befindet sich heute eine Gaststätte. Auch der mittlerweile in „Bullerjahn" umbenannte Ratskeller verführt zum Schlemmen in geschichtsträchtigem Ambiente. Wie sehr die Stadt einen zu gewinnen vermag, beweist der Spruch am Eingang. Er soll von dem Publizisten und Historiker August Ludwig von Schlözer stammen, der von 1769 bis 1809 in Göttingen lebte: „Extra Gottingam non est vita, si est vita non est ita!" Das bedeutet: „Außerhalb Göttingens kann man nicht leben, wenn aber doch, dann nicht so gut!"

Termine zu Märkten www.goettingen.de •

3 GÄNSELIESEL-BRUNNEN

S. 22

TOP-TIPP

Auf der südlichen Platzseite steht auch das Wahrzeichen der Stadt: Das „Gänseliesel", wie man in Göttingen sagt, ist eine Brunnenfigur, um die es regelmäßig ein großes Hallo gibt. Denn wer an der Georg-August-Universität seinen Doktorgrad erworben hat, darf das Mädel endlich küssen, das dort, barfüßig und schlicht gekleidet, anmutig den Kopf neigt und drei Gänse trägt. Die Bronzeskulptur steht unter einem mit Blüten geschmückten Baldachin (ebenfalls aus Bronze), das Brunnenbecken ist aus Sandstein.

Geschaffen wurde das Gänseliesel im Jahr 1901 von dem Bildhauer Paul Nissen und dem Architekten Heinrich Stöckhardt. Schon bald gehörte es zum Brauchtum der Göttinger Studenten, wobei

IN DEN KELLERGEWÖLBEN

In der Tourist-Information können sich Besucher auch für Stadtführungen anmelden. Das lohnt sich sehr, denn es geht in Bereiche, die der Öffentlichkeit sonst verschlossen bleiben. So gibt es eine Themenführung „Gang durch Göttingens Unterwelt", bei der u. a. die Kellergewölbe des Alten Rathauses besichtigt werden. Hier befinden sich ein Kerker und eine mittelalterliche „Dorntze" mit einer vollständig erhaltenen gotischen Heizanlage.

ursprünglich die Neuimmatrikulierten „verpflichtet" waren, das Bronzemädchen zu küssen. Nach dem Ersten Weltkrieg, als die Zahl der Göttinger Studenten stark anstieg, nahm dies solche Ausmaße an, dass die Stadt dem Treiben und Feiern einen Riegel vorschob. Ab dem 31. März 1926 standen das Erklettern des Marktbrunnens und Küssen des Gänseliesels unter Strafe. Offiziell aufgehoben wurde das Kussverbot erst zur 100-Jahrfeier des Gänselieselbrunnens am 7. Juni 2001. Ein Auge zugedrückt hatte man allerdings schon zuvor, sofern es ohne Lärm vonstatten ging. Bis zur Neugestaltung des Marktes (1968) stand der Brunnen mitten auf dem Platz. Bei Renovierungsarbeiten im Jahr 1990 wurde die Figur durch eine Nachbildung ersetzt. Das Original befindet sich im Städtischen Museum (S. 62).

Das Gänseliesel

Jedes Jahr Ende September feiert Göttingen ein großes Gänselieselfest mit verkaufsoffenem Sonntag. Höhepunkt ist die Wahl des leibhaftigen „Gänseliesels", zu der acht Kandidatinnen antreten. Die Siegerin darf die Stadt ein Jahr lang bei festlichen Anlässen repräsentieren.

4 LICHTENBERG-DENKMAL S. 22

Auf der gegenüberliegenden Seite des Marktplatzes zeigt sich, dass wahre Größe nichts mit dem körperlichen Erscheinungsbild zu tun hat: Gerade einmal auf 141 Zentimeter brachte es Georg Christoph Lichtenberg (1742–1799), dem hier ein Denkmal gesetzt wurde. In der Welt der Formeln und Zahlen aber wuchs er weit über andere hinaus. Er gilt als Begründer der Experimentalphysik und wies u. a. mit den Lichtenbergschen Figuren die Bipolarität der Elektrizität nach. Dies symbolisiert die Kugel mit dem Plus- und Minuszeichen, die sein Abbild in der Hand hält.

Lichtenberg, geboren 1742 in Ober-Ramstadt bei Darmstadt, kam 1763 nach Göttingen, um Mathematik, Astronomie und Naturgeschichte zu studieren. 1770 wurde er zum außerordentlichen, 1775 zum ordentlichen Professor ernannt. Seine letzten vier Lebensjahre verbrachte der Gelehrte mit seiner Familie in der nahe gelegenen Gotmarstraße 1 (siehe „Lichtenberghaus", S. 40). Sein Grab befindet sich auf dem Bartholomäusfriedhof.

Als Schriftsteller und Philosoph im Zeitalter der Aufklärung wurde Lichtenberg u.a. durch seine Aphorismen („Sudelbücher") berühmt. Er pflegte den Austausch mit anderen bedeutenden Zeitgenossen wie Immanuel Kant und Johann Wolfgang von Goethe. Als „kleinen puckligen, schwachen Menschen", der aber „eine schöne, allerfreundliche Seele" habe, beschrieb ihn der Dichter Johann Gottfried Herder. Lichtenbergs Buckel war in Wirklichkeit noch stärker ausgebildet, als das lebensgroße Denkmal vermuten lässt.

Der albanische Künstler Fuat Dushku schuf die Bronzestatue im Jahr 1992. Sie wurde aus eingeschmolzenen Denkmalen von Lenin, Stalin und Enver Hodscha gegossen. Viele Studenten, aber auch andere Göttinger, berühren „ihren" Lichtenberg im Vorübergehen. Eine weitere Skulptur des Physikers befindet sich bei der alten Universitätsbibliothek am Papendiek (S. 46).

5 KIRCHE ST. JOHANNIS S. 22

Hinter dem Rathaus kuschelt sich die St.-Johannis-Kirche in die Innenstadt, umstanden von hohen Bäumen und teils verdeckt von einer Front großer Kaufhäuser. Ihr markanter Doppelturm aber ist von Weitem zu sehen. Einer der beiden Türme ist deutlich niedriger als der andere. Die Hallenkirche wurde zwischen 1300 und 1344 im Stil der Gotik errichtet. Zuvor befand sich an ihrem Platz eine romanische Basilika, von der noch ein Rundbogenportal mit Zisterzi-

Die gotische Hallenkirche St. Johannis

enser-Zackenbogen an der Nordseite erhalten ist.

Im Nordturm lebten noch bis in die Neuzeit die „Türmer“, die Turmwächter der Stadt. Ihre Aufgabe war es, die Bewohner vor Eindringlingen und Feuer zu warnen. Von 1921 bis 2001 befand sich in den Räumen die wohl ungewöhnlichste Studentenwohnung Deutschlands, nur geeignet für sportliche Mieter: Rund 250 Stufen sind bis zum Eingang der Bleibe zu erklimmen. Die Bewohner brauchten keine Miete zu bezahlen, mussten dafür aber die regelmäßige Besichtigung durch Besucher gestatten. Im Jahr 2005 wurde der Turm durch einen Brand zerstört, für den zwei Jugendliche verantwortlich gemacht wurden. Heute nutzt die Gemeinde St. Johannis das Turmzimmer für Andachten. Ein Aufstieg auf den Turm ist auch wieder möglich.

St. Johannis ist außerdem Sitz der Stadtkantorei. Regelmäßig gibt es besondere Musikveranstaltungen, u. a. das Spätkonzert „Klassik für Nachtschwärmer“, eine Nacht der Chöre, das Weihnachtsoratorium von Bach, Werke von Mozart, Haydn und Beethoven oder einen Ausflug in die italienische Kirchenmusik.

Seit 1992 verfügt St. Johannis obendrein über einen eigenen Turmbläser: Fast jeden Samstag gegen 11 Uhr steigt der Polizist Marten Bock auf den Nordturm, um seine Trompete oder ein anderes Instrument erklingen zu lassen. Er hatte es der Gemeinde vorgeschlagen und macht dies ehrenamtlich.

An der Nordseite des umgebenden Kirchplatzes lädt die Stadtbibliothek zum Schmökern ein.

Johannisstraße/Paulinerstraße • Tel.: 0551 789660 • www.johannis.info • Gottesdienst: Sa. 18 Uhr, So. 10/11 Uhr • Konzerttermine: www.stadtkantorei.de • Turmbesteigung mit Führung: Sa. 12/14 Uhr •

6 ZINDELHOF S. 22

Die Zindelstraße, hinter dem Rathaus beginnend, ist einen Schlenker wert. Ihr Name stammt noch aus dem Mittelalter und ist damit eine der ältesten Straßenbezeichnungen in Göttingen. Ein großes Tor übt eine nahezu magische Anziehungskraft aus auf all jene, die gern stöbern, ein Faible für Altes und Antikes haben oder einfach etwas Günstiges für den Haushalt suchen. Es führt in den Zindelhof (1889), der sich zwischen der Universitätsapotheke und der ehemaligen Pillendreherei befindet. Hier erfolgte noch bis Ende des 19. Jh.s das praktische Studium der angehenden Apotheker und Pharmazeuten.

Heute ist der kleine, urgemütliche Innenhof prall gefüllt mit Kleinmöbeln, Büchern, Schallplatten, Geschirr, Werkzeug, historischen Bauteilen und jeder Menge Kleinkram, teils auf den wandhohen Regalen, teils in vielen Schubladen versteckt. „Eigentlich alles, was nicht gerade wirklich Müll ist“, trägt Tilo

Schikore zusammen, der oft in dem Open-Air-Laden anzutreffen ist. Besonders beliebt ist der Weihnachtsmarkt im Zindelhof, wenn sich die Regale mit altem Christbaumschmuck und Spielzeug von Omis Speicher füllen, eine LGB Gartenbahn über den Köpfen ihre Runden dreht und Nostalgie verströmt. Zwischen zwei Glühweinbuden rückt man auf Bänken zusammen und freut sich über dieses schöne, kleine Stück Göttingen, während der Atem in der Luft gefriert.

Markt 6 • Tel.: 0179 9433624 (Tilo Schikore) • www.zindelhof.de •

7 VIERKIRCHEN-BLICK S. 22

An der Ecke, die den Kornmarkt (parallel zur Zindelstraße) mit dem großen Marktplatz verbindet, sollte man einmal in Richtung Boden schauen: Eine Metallplatte kennzeichnet den Vierkirchenblick. Wer sich darauf stehend im Kreis dreht, kann nacheinander alle vier Innenstadtkirchen sehen: Im Westen lugt der Turm von St. Johannis über das Rathaus, im Norden grüßt St. Jacobi in der Flucht der Fußgängerzone. Passgenau zwischen den Häuserreihen zeigen sich St. Albani (Osten) und St. Michael (Süden).

Markt 3

8 LANGE-GEISMAR-STRASSE S. 22

Bei einem Stadtbummel lohnt es sich, die Lange-Geismar-Straße südlich des Kornmarktes einzubeziehen, da sich hier einige nette Läden befinden. Auch für ihre guten Imbisse ist sie bekannt. Einige haben bis weit nach Mitternacht geöffnet und sind damit ein beliebtes Ziel von Nachtschwärmern. Fast schon eine Sehenswürdigkeit ist der 50er-Jahre-Schlauch von „Bratwurst Glöckle“ (Kornmarkt 1) – so zumindest die Optik, existieren soll der Imbiss sogar bereits seit 1920. Eine schmale Theke, die Wände bestückt mit grünen Kacheln, die Retro-Fans hinreißend finden. Auf wenigen Quadratmetern gibt es hier, da ist man sich in Göttingen ziemlich einig, die beste Bratwurst der Stadt. Wer lieber vegetarisch, türkisch oder asiatisch isst, findet einige Häuser weiter schöne Möglichkeiten.

Am Haus Lange-Geismar-Straße 44 geht man am besten zwischen 11 und 12 Uhr oder zwischen 16 und 17 Uhr vorbei. Dann erklingt das Glockenspiel, das Otto-Manfred Hack, einst Inhaber des gleichnamigen Musikhauses, 1982 installieren ließ. Zwölf Bronzeglocken wurden schmuckvoll in das Fachwerk integriert und spielen – mittlerweile computergesteuert – bis zu 40 verschiedene Titel. Je nach Saison verleihen Weihnachtsmelodien oder zünftige Volkslieder dem Straßenzug noch ein Stück mehr Nostalgie.

9 WEENDER STRASSE S. 22

Rund 80 Geschäfte, dazwischen Fachwerkfassaden und Straßencafés: Auch wenn der südliche Teil der Weender Straße das ist, was viele als eine „typische Fußgängerzone" beschreiben würden, irgendetwas ist doch anders. Gemütlich, fast dörflich geht es zu. Sobald die Sonne hervorlugt, schleckt fast jeder versonnen an einer Eistüte, und ein Ziehharmonikaspieler schickt seine Klänge durch die Straße. Dennoch hat sich das Bild in den vergangenen Jahren gewandelt. Die Filialisierung der Innenstädte prägt zunehmend auch Göttingen. Die einen finden es attraktiver, andere trauern den kleineren Läden nach, die aufgrund der steigenden Mieten abgewandert sind, genauso kulturelle Einrichtungen wie das Programmkino „Cinema", das sich lange am Jacobikirchhof befand. Noch ist ein Fünftel der Geschäfte in der Weender Straße inhabergeführt, und besonders in den Seitenstraßen bieten Antiquariate, Goldschmiede und andere kleine Läden eine regionale Qualität, wie man sie selten findet.

Das Fachwerkhaus Weender Straße Nr. 30 (Ecke Barfüßerstraße) beherbergte seit 1557 die (bereits 1332 gegründete) Rats-Apotheke, die sich bis 1553 im Gebäude gegenüber befand. Bis 1875 war sie Eigentum der Stadt und wurde verpachtet. Der jeweilige Rats-Apotheker hatte bis 1765 auch die Rechte zum Verkauf und Ausschank von Wein, Branntwein und Kaffee sowie zur Herstellung von Konfekt. Als erste Apothekerin führte Sibylle Koch in dritter Generation das Unternehmen ab 1987. Am Haus Weender Straße 13/15, in dem sich heute die Sparkasse befindet, weist eine Gedenktafel auf einen illustren ehemaligen Gast hin: Vom 16. bis 21. Juni 1866 weilte König Georg V. von Hannover in den Räumen. In südlicher Richtung setzt sich die Fußgängerzone noch hinter der sie kreuzenden Langen-Geismar-Straße ein Stückchen fort (Kurze Straße).

10 KIRCHE ST. JACOBI S. 22

TOP-TIPP

Schon der Kirchhof ist ein schöner Platz zum Innehalten am Rande der belebten Fußgängerzone. Imposant ist der 72 Meter hohe Turm, der im Zeitraum 2009 bis 1012 aufwendig restauriert wurde. Dabei durfte auch eine Eigentümlichkeit bleiben, die einst für Diskussionen sorgte: Zwischen der kupfernen Kuppel und dem obersten Sandsteingeschoss ist ein schmalerer Ring aus Fachwerk zu sehen. Im Jahr 1555 brannte der Turm nach einem Blitzeinschlag nahezu vollständig aus, sodass nur noch das äußere Mauerwerk stehen blieb. Daraufhin wurde die Haube aus Fachwerk aufgesetzt. An sich als Provisorium gedacht, geriet sie zum festen Bestandteil des Turmes – auch wenn es damals nicht allen Göttingern gefiel. Aus heutiger Sicht hat der Kirchturm damit an Originalität gewonnen.

DER RAUB DER WETTERFAHNE

Im Oktober 2009 sorgte St. Jacobi bundesweit für Schlagzeilen: Über Nacht war die vergoldete Wetterfahne aus Kupfer verschwunden, die den 72 Meter hohen Kirchturm ziert. Einige Wochen, nachdem die Fahndung in die Wege geleitet worden war, fand eine Passantin das gute Stück auf dem Grundstück einer anderen Göttinger Kirchengemeinde. Daran befestigt war eine Plastiktüte mit einem am Computer getippten „Bekennerschreiben" der Täter, die sich entschuldigten. Sie seien betrunken gewesen und bedauerten den Vorfall zutiefst. Die Diebe waren über ein Baugerüst auf den Turm gelangt, das diesen wegen der damaligen Sanierungsarbeiten umgab. Von dem ebenfalls gestohlenen Kreuz und zwei Verbindungsstangen, die zusammen mit der Wetterfahne zum Turmschmuck gehörten, fehlte allerdings weiterhin jede Spur. So musste das Kreuz von einem Goldschmied neu gefertigt werden. Im September 2010 erhielt der geplünderte Kirchturm seine Bekrönung zurück.

Noch mehr beeindruckt das Innere der gotischen Kirche (1361–1459). Die mit rot-grauer Rautenoptik bemalten Säulen scheinen schief zu stehen, im ganzen Raum setzt sich die Farbgebung fort. Was wie moderne Kunst wirkt, ist auf die Originalgestaltung der Renaissance (15. Jh.) zurückzuführen, nach deren Vorbild der Innenraum 1998/99 restauriert wurde.

Flügelaltar Das Prunkstück der Kirche ist der reich verzierte Flügelaltar (1402). Seine Gestaltung spiegelt die damalige Bedeutung des aufstrebenden Bürgertums und der Zünfte wider, die zunehmend auch die Kirchenkunst prägten. Der wertvolle Altar wurde von einem unbekannten Meister geschaffen. Das Datum seiner Entstehung ist der lateinischen Inschrift auf dem unteren Rand zu entnehmen: Vollendet im November 1402.

Es lohnt sich, St. Jacobi auch einmal am Sonn- oder Feiertag zu besuchen, denn der Altar besitzt drei verschiedenen Seiten, die je nach Anlass aufgeklappt werden können. Bei geschlossenen Flügeln ist dem Betrachter die Werktagsseite zugewandt. Auf ihr sind in acht Bildern Szenen aus dem Leben des Heiligen Jakobus des Älteren dargestellt. Die „Sonntagsseite" besteht aus doppelt so vielen, reich ausgestalteten Tafelbildern. Die Motive zeigen die Kindheits- und Leidensgeschichte Jesu.

Auf seiner Festtagsseite entfaltet der Altar schließlich eine Pracht mit reich vergoldeten, plastischen Darstellungen. Eine Sockelzone mit dichtem Rankenwerk, in der Mitte die Christusfigur, zu beiden Seiten von jeweils sechs alttestamentlichen Propheten umgeben. In den großen Altarfeldern dar-

◀ Kirchenchor in St. Jacobi

über stehen 16 Heiligenfiguren, paarweise unter Baldachinen angeordnet. In ihrer Mitte, auf einer Bank sitzend, Christus und Maria bzw. die personifizierte Kirche (Ecclesia).

Spitzbogenfenster Eine weitere Besonderheit sind die fünf Spitzbogenfenster im nördlichen Seitenschiff. Sie wurden 1997/98 nach Entwürfen von Johannes Schreiter eingesetzt. Er gilt als einer der bedeutendsten zeitgenössischen Glaskünstler. Die Farbfenster stellen einen kompletten Zyklus dar. Es handelt sich um eine freie Interpretation des Psalms 22, den Jesus, am Kreuz hängend, laut der biblischen Überlieferung gebetet haben soll (Matthäus 27,46). Die Themen des fünfteiligen Psalms sind Verlassenheit, Tod, Gebet, Gemeinde, Auferstehung. Johannes Schreiter stellt sie in seiner eigenen künstlerischen Sprache dar: durch Farben und Formen, Linien und Licht.

Jacobikirchhof • www.jacobikirche.de • Mo.–So. 11–15 Uhr • Gottesdienst: So. 10 Uhr •

11 SCHRÖDERSCHES HAUS S. 22

Das Fachwerkhaus Weender Straße Nr. 62 beeindruckt mit besonders reichen Schnitzereien. Der Tuchmacher Jürgen Hovet ließ es 1549 im Stil der Renaissance errichten und Symbole seines Berufs in die Gestaltung integrieren: Oberhalb des Torbogens sind Weberschiffchen und Weberkamm zu sehen, gehalten von zwei in das Ornament integrierten Figuren. Die anderen Verzierungen und Inschriften bieten Raum für Interpretationen, darunter ein Gesicht mit herausgestreckter Zunge. Vermutlich handelt es sich um einen

Das Schrödersche Haus in der Weender Straße

Neidkopf. Solche fratzenhaften Darstellungen finden sich häufig an historischen Gebäuden. Sie sollten dazu dienen, „das Böse" abzuwehren.

Einem Zufall ist es zu verdanken, dass Passanten die Pracht heute bewundern können. Denn als Göttingen im frühen 18. Jh. zur Universitätsstadt wurde, galten Fachwerkhäuser als Häuser einfacher, armer Leute, woraufhin man viele der Fassaden verputzen ließ. Rund 150 Jahre später (ca. 1885) erwarb der Schlossermeister August Schröder das Haus. Bei Reparaturarbeiten an der Fassade trat ein Teil der Verzierungen zutage, die er daraufhin komplett freilegen ließ. Er ergänzte die Insignien seiner Zunft im Spitzbogen des Portals um ein weithin sichtbares „A. Schroeder" über den Fernstern im Erdgeschoss.

Weender Straße 62 •

12 HEINZ-ERHARDT-DENKMAL S. 22

Das „Weender Tor" befindet sich am Ende der Weender Straße, kurz bevor die Berliner Straße (B 3) diese kreuzt. Und da steht doch tatsächlich Heinz Erhardt mitten auf dem Platz und regelt den Verkehr. Natürlich handelt es sich nur um ein lebensgroßes Abbild des berühmten Schauspielers. Das Denkmal aus bedampften Plexiglas wurde im Jahr 2003 aufgestellt. Es erinnert an die Filmstadt Göttingen und Heinz Erhardt (1909–1979), der hier von 1956 bis 1960

Heinz Erhardt regelt den Verkehr

acht Filme drehte, u. a. „Natürlich die Autofahrer" (1959), in dem er als Verkehrspolizist Dobermann bemerkt, dass er dringend selbst einen Führerschein benötigt. Einen Teil der Fahrprüfung machte er in einer verzwickten Straßenführung Göttingens (siehe „Kandelaber", S. 64). Am Weender Tor wiederum regelte er den Verkehr, sodass der Ort konsequenterweise Heinz-Erhardt-Platz getauft wurde.

FILMSTADT GÖTTINGEN

Im Zeitraum 1946–1960 wurden in der Produktionsfirma „Göttinger Filmaufbau-Gesellschaft" 97 Spielfilme gedreht. Darunter zahlreiche Heinz-Erhardt-Filme sowie weitere Filme mit bekannten Regisseuren und Darstellern: u. a. „Hunde, wollt ihr ewig leben", „Wir Wunderkinder", „Rosen für den Staatsanwalt" und der Zweiteiler „Buddenbrooks" (1959).

RUND UM DAS JOHANNISVIERTEL

Westlich der Johanniskirche bilden die Johannisstraße, die Paulinerstraße und der Papendiek das Johannisviertel. Hier schlägt das historische Herz der Universität Göttingen. Ein Viertel, geprägt von großen Gelehrten und repräsentativen Bauten. Obendrein bietet es idyllische Spaziermöglichkeiten und „Wissenschaft zum Entdecken" auf dem Planetenweg.

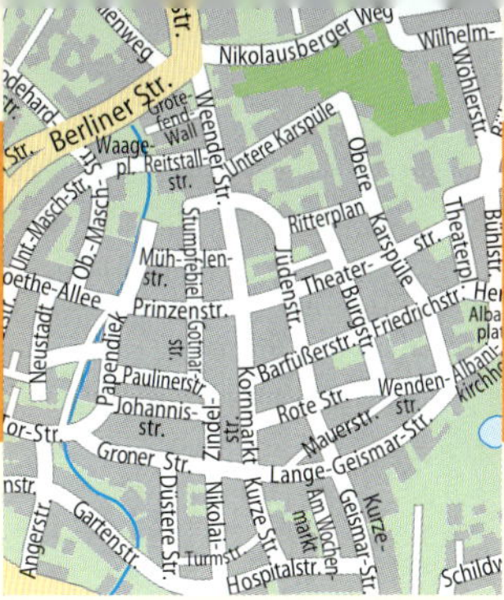

siehe große Karte S. 38/39

SEHENSWERTES

Lichtenberghaus Hier lebte und forschte Georg Christoph Lichtenberg. Als Künstlerhaus beherbergt es heute eine Galerie, Ateliers und Werkstätten. S. 40 1

Goethe-Allee Im Haus Nr. 12 weilte Johann Wolfgang von Goethe bei seinem Besuch in Göttingen. S. 41 3

Planetenweg Die Reise durch das Sonnensystem beginnt in der Goethe-Allee und führt hinaus bis in den Stadtwald. S. 42 4

Chr.-Gottlob-Heyne-Ufer Ein schöner Spaziergang entlang des Leinekanals. S. 45 6

Butt im Griff Günter Grass entwarf die Skulptur, in der der „Butt" seines Werkes auflebt. S. 46 8

Historisches Gebäude der Universitätsbibliothek An dem historischen Standort werden wertvolle Handschriften und seltene Drucke verwahrt. S. 46 9

Paulinerstraße Hübsch sanierte Fachwerkhäuser, darunter das älteste durch Inschrift datierte Wohnhaus Göttingens. S. 47 11

GASTRONOMIE

Fellini Italienische Küche und schöner Sommergarten, die leckere Pizza gibt es auch zum Mitnehmen. S. 121 13

EINKAUFEN

Raben-Laden Sinnvolles Spielzeug für alle großen und kleinen Leute, umfassende Auswahl an Kunstgewerbe. S. 127 16

ÜBERNACHTUNG

Hotel Stadt Hannover Stilvoll renovierte Zimmer in einer ehemaligen Professoren-Villa. S. 129 4

Romantik Hotel Gebhards 4-Sterne-Superior-Hotel direkt am Stadtwall. S. 129 6

KULTUR UND FREIZEIT

Tangente Hier tanzen viele Studenten, aber auch ältere Semester. S. 136 28

Nikolausber
Berliner Str.
Grotefend-Wall
Weender Str.
Untere Karspü
Waage-pl.
Reitstall-str.
Ob.-Masch-Str.
Unt.-Masch-Str.
Mühlen-str.
Stumpfebiel
Jüdenstr.
Ritte
Goethe-Allee
Prinzenstr.
Neustadt
Papendiek
Gotmar-str.
Paulinerstr.
Barfüße
Johannis-str.
Zindel-str.
Kornmarkt
Rote
Tor-Str.
Groner Str.
Lange
Angerstr.
Gartenstr.
Düstere Str.
Nikolai-
Kurze Str.
markt
Turmstr.
Hospitalstr.
6
4
19
4
28
3
5
2
1
9
6
7
8
11
10
13
16

SEHENSWERTES

1 Lichtenberghaus mit Kunstgalerie S. 40
2 Prinzenstraße S. 41
3 Goethe-Allee S. 41
4 Planetenweg S. 42
5 Grätzelhaus S. 42
6 Chr.-Gottlob-Heyne-Ufer S. 45
7 Paulinerkirche S. 45
8 Butt im Griff S. 46
9 Historisches Gebäude der Universitätsbibliothek S. 46
10 Johannisviertel S. 47
11 Paulinerstraße S. 47

GASTRONOMIE

13 Fellini S. 121
19 Monster-Café S. 122

EINKAUFEN

16 Raben-Laden S. 127

ÜBERNACHTUNG

4 Hotel Stadt Hannover S. 129
6 Romantik Hotel S. 129

KULTUR UND FREIZEIT

28 Tangente S. 136

1 LICHTENBERGHAUS MIT KUNSTGALERIE S. 38

ENTDECKER-TIPP

Als „Keimzelle der Experimentalphysik" und „Ort der Aufklärung" wird das Fachwerkhaus in der Gotmarstraße 1 (Ecke Prinzenstraße) auch bezeichnet. Es ist das ehemalige Wohnhaus von Georg Christoph Lichtenberg. Der berühmte Gelehrte (siehe auch „Lichtenberg-Denkmal", S. 27) lebte hier mit seiner Familie von 1775 bis zu seinem Tod am 24. Februar 1799. Er forschte und lehrte auch in diesem Haus, das zufällig in seinem Geburtsjahr erbaut worden war (1742). Im Hauptsaal versammelten sich regelmäßig rund hundert Studenten, um den Vorlesungen Lichtenbergs zur Experimentalphysik oder zur Astronomie zu folgen. Darunter auch Carl Friedrich Gauß sowie der Naturforscher Alexander von Humboldt und dessen Bruder Wilhelm. Auch Lessing, Alessandro Volta, Goethe und andere berühmte Zeitgenossen suchten den Göttinger Professor in seinem Fachwerkhaus auf.

In seinem physikalischen Kabinett führte Lichtenberg mit zahlreichen Geräten Experimente durch. Hier machte er auch jene Entdeckung, dank der sein Name in die Geschichte der Physik einging: die Lichtenbergschen Figuren, mit denen sich die Bipolarität der Elektrizität nachweisen lies. Im September 1789 ging die Gerätesammlung gegen eine Leibrente in Höhe von 200 Talern in den Besitz der Georgia Augusta Universität über. Dort bildete sie den Grundstock

Geschichtsträchtiges Gebäude: das Lichtenberghaus

der Sammlungen des Physikalischen Instituts.
Heute hat im Lichtenberghaus der Verein „Künstlerhaus mit Galerie in Göttingen e.V." sein Domizil. Auf drei Ebenen befinden sich ansprechend ausgestattete Galerien im Weißen Saal, in der repräsentativen Lichtenbergetage und im historischen Gewölbekeller. Unter demselben Dach sind außerdem acht Maler-Künstler-Ateliers, eine Radier- und eine Glaskunstwerkstatt untergebracht. Weitere Arbeits- und Ausstellungsmöglichkeiten gibt es im Innenhof mit Garten. Der Kunstverein Göttingen bietet mit der „artothek" obendrein die Möglichkeit, Werke der bildenden Kunst auszuleihen.

Künstlerhaus mit Galerie in Göttingen e.V. im Lichtenberghaus • Gotmarstraße 1 • Tel.: 0551 46890 • www.kuenstlerhaus-goettingen.de • Ausstellungen: Di.–Fr. 16–18 Uhr, Sa./So. 11–16 Uhr • Kunstverein Göttingen/artothek: www.kunstvereingoettingen.de • i

2 PRINZENSTRASSE S. 38

Die Straße diente englischen Prinzen als Wohnsitz, die 1786 bis 1790/91 in Göttingen studierten. Sie lebten im ehemaligen Büttnerschen Haus (Prinzenstraße 2). Der Verlagsbuchhändler Johann Christian Dieterich, dem ab 1780 auch das angrenzende Lichtenberghaus gehörte, erwarb es im Jahr 1785 für einen Kaufpreis von 6.000 Talern. Das Haus wurde für den Aufenthalt der adeligen Gäste „königlich" hergerichtet. Es handelte sich um die Söhne Georgs III., den späteren hannoverschen König Ernst August und seine beiden jüngeren Brüder. In dem heutigen, noch immer prunkvoll mit Spitzgiebel und Stuckelementen verzierten Gebäude befindet sich eine Bankfiliale.

3 GOETHE-ALLEE S. 38

Johann Wolfgang von Goethe (1749–1832) hatte den sehnlichen Wunsch, Professor in Göttingen zu werden. „Bei diesen Gesinnungen hatte ich immer Göttingen im Auge. Auf Männer wie Heyne, Michaelis und so manchem anderen ruhte mein ganzes Vertrauen; mein sehnlichster Wunsch war, zu ihren Füßen zu sitzen und auf ihre Lehren zu merken", so seine Worte in seiner Autobiografie „Dichtung und Wahrheit". Doch er musste sich dem Willen des Vaters beugen und in Leipzig studieren. Goethe ließ es sich jedoch nicht nehmen, Göttingen und die hier lebenden Gelehrten zu besuchen. Auch in späteren Jahren verweilte er in der Stadt. Auf dem Rückweg von einer Badereise nach Pyrmont im Jahre 1801 (17. Juli–14. Aug.) wohnte der große Dichter bei dem Instrumentenmacher Johann Paul Krämer, in dem Haus, das in der Goethe-Allee Nr. 12 zu finden ist. Heute befindet sich dort ein Notariat mit Anwaltskanzlei. Eine Faksimile des handschriftlichen Vertrags zwischen Goethe und seinem Vermieter hängt gerahmt in den Kanzleiräumen. In der Straße lebten zu Beginn der Göttinger Universitätszeit viele Professoren. Damals hieß sie noch Alleestraße, die Umbenennung erfolgte anlässlich der Feierlichkeiten zum einhundertsten Todestag Goethes (1932).

4 PLANETENWEG S. 38

Mitten in Göttingen lässt sich eine spannende Reise durch das Sonnensystem unternehmen, die dessen gewaltige Größenunterschiede deutlich macht. In der Goethe-Allee beginnt der „Planetenweg" eine Installation, in der sich Astronomie und Kunst im öffentlichen Raum vereinen. Sie besteht aus zehn Stationen in Form von Bronzestelen mit Nachbildungen der Sonne und der sie umkreisenden Planeten im Maßstab 1:2 Milliarden: Zwei Milliarden Kilometer im Weltall entsprechen einem Kilometer auf dem Planetenweg. So ist die Erde als 6,5 Millimeter kleine Kugel dargestellt, während die Sonne siebzig Zentimeter groß ist. Auf jeder Stele gibt es Informationen zum dargestellten Objekt.

Der Planetenweg führt von der Sonnen-Stele in der Goethe-Allee einmal quer durch die Innenstadt, am Deutschen Theater vorbei, über den Eichendorffplatz, dann am Hainbund-Denkmal vorbei und hinauf zum Bismarckturm im Göttinger Wald, wo die Pluto-Stele zu finden ist. Pluto stellt als „Zwergplanet" eine Ausnahme dar, seit ihm der Status als Planet am 26. August 2006 aberkannt wurde.

Der Förderkreis Planetarium Göttingen e.V. initiierte den Planetenweg, der durch Sponsorengelder finanziert und von Reinhold Wittig gestaltet wurde. Der Künstler ergänzte ihn noch um eine Sonnenuhr in der Jüdenstraße (gegenüber der St.-Jakobi-Kirche). Das Objekt ist mit einer Sonnenuhr im klassischen Sinne kaum vergleichbar und gerade deshalb sehr sehenswert: Es macht die Änderung der Sonnenhöhe zu den gezeigten Daten sichtbar und zeichnet damit die Schrägstellung der Erde nach.

Der Förderkreis bietet Führungen entlang des Planetenwegs an. Über die Route informiert auch eine Broschüre, die beim Verein sowie im Alten und Neuen Rathaus erhältlich ist.

Förderkreis Planetarium Göttingen e.V. • Information und Anmeldung unter Tel.: 0551 77 045 01 • www.planetarium-goettingen.de

5 GRÄTZELHAUS S. 38

In der Goethe-Allee Nr. 8 steht das ehemalige Wohnhaus des Tuchfabrikanten Johann Heinrich Grätzel. Er ließ es zwischen 1739 und 1741 errichten. Der vornehme Barockbau repräsentiert die Blütezeit, die insbesondere die Göttinger Textilmanufaktur während des 18. Jh.s erlebte. Besonders zeigt sich dies am Eingangsportal mit seinen Säulen und dem reich verzierten Torbogen. Auch ein Blick

► Die Sonnen-Stele in der Goethe-Allee

MARS
ERDE
VENUS
MERKUR
SONNE
PLUTO
DIE SONNE DOMINIER
DIE BEWEGUNG DER
NEUN PLANETEN UND
DER ASTEROIDEN:

nach oben lohnt: Zu den Seiten des Frontgiebels sind die Figuren Minerva und Merkur zu sehen, als Allegorien für die Weisheit und den Handel. Der Fachausdruck für diesen zusätzlichen Giebel lautet Zwerchhaus, abgeleitet von „zwerch" (niederdt. für „quer"), weil er sich im rechten Winkel zur Hauptachse des Daches befindet. Diese Bauweise ist charakteristisch für die repräsentativen Bauten im alten Univiertel, genauso wie die Tradition, das Fachwerk zu verputzen – so geschehen auch an diesem Haus. Nach mehrfachen Umgestaltungen wurde das Grätzelhaus 1999 vollständig restauriert. Heute ist es auch wegen der zugehörigen Straßencafés beliebt, auf deren am Leinekanal gelegenen Terrassen man sehr schön sitzt.

Goethe Allee 8 •

6 CHRISTIAN-GOTTLOB-HEYNE-UFER S. 38

Vom Grätzelhaus ausgehend, bietet sich ein idyllischer Spaziergang an: In beiden Richtungen verlauft ein Fußweg entlang des Leinekanals, der einen vergessen lässt, dass Göttingen eine Großstadt ist. Besonders schön ist er in Richtung Süden, also auf der Straßenseite, die dem Grätzelhaus gegenüberliegt. Benannt wurde der Uferweg nach dem Philologen Prof. Dr. Christian Gottlob Heyne (1729–1812), rund fünfzig Jahre lang Herausgeber der „Göttingischen Gelehrten Anzeigen" und ab 1763 Professor für Rhetorik an der Georgia Augusta. Er gilt als Begründer der modernen universellen Altertumswissenschaft. Ab 1764 wurde ihm die Aufsicht über die Universitätsbibliothek übertragen. Aus dieser Zeit stammt auch das am Kanalufer gelegene Heyne-Haus (Papendiek 16). Der Gelehrte erwarb das 1760 errichtete Gebäude, das noch heute zur Universität Göttingen gehört und Seminarräume beherbergt. Von 1999 bis 2000 wurde es aufwendig saniert.

◀ Am Christian-Gottlob-Heyne-Ufer

7 PAULINERKIRCHE S. 38

Die Kirche gehörte zu einem 1294 gegründeten Dominikanerkloster. Davon zeugt auch der Straßenname „Papendiek", der sich auf einen Teich („Diek") der Mönche bzw. Pfaffen („Papen") bezieht. Wahrscheinlich handelte es sich dabei um eine als Fischteich genutzte Erweiterung des heutigen Leinekanals. Nachdem sie im Jahr 1331 eingeweiht worden war, diente die Kirche auch als Wallfahrtsort mit Reliquien des Dominikaners Thomas von Aquin. Im Jahr 1529 war sie Schauplatz des ersten lutherischen Gottesdienstes in Göttingen. In dem Klostergebäude befand sich später ein Gymnasium. Nach dessen Auflösung wandelte es sich zum ersten Universitätsgebäude der 1737 gegründeten Georgia Augusta. Schon bald wurde es um ein Kollegiengebäude und weitere Anbauten in Richtung

Lichtenberg-Denkmal im Akademiehof

Paulinerstraße erweitert. Die Paulinerkirche erfüllte seinerzeit die Funktion der Universitätskirche.
Papendiek 14 •

8 BUTT IM GRIFF S. 38

Am Eingang der Paulinerkirche steht die Skulptur „Butt im Griff" (1982), geschaffen nach einem Tonentwurf des Schriftstellers Günter Grass. Der Literaturnobelpreisträger hat einen engen Bezug zur Stadt, einige seiner Werke sind im Göttinger Steidl Verlag erschienen. Der (Heil-)Butt ist im literarischen Werk von Grass eine Metapher für Lebenserfahrung und Weisheit.
Papendiek 14

9 HISTORISCHES GEBÄUDE DER UNIVERSITÄTSBIBLIOTHEK S. 38

ENTDECKER-TIPP

Seit 1812 ist die Paulinerkirche Teil der Niedersächsischen Staats- und Universitätsbibliothek, de-

VORNEHMES UNIVERSITÄTSVIERTEL

Als erster Kurator prägte Gerlach Adolph Freiherr von Münchhausen (1688–1770), Minister des Kurfürstentums Hannover, die Planung und Umsetzung der Universitätsgründung. Um möglichst zahlungskräftige Studenten aus adeligen Familien und dem Großbürgertum zu gewinnen, ließ er das Viertel u. a. mit einem repräsentativen Wohn- und Logierhaus (Michaelishaus), einer Fechthalle und einem Universitätsreitstall ausstatten. Letzterer befand sich noch bis zum Jahr 1968 in der Reitstallstraße, die von der Weender Straße zum Waageplatz führt.

ren neues Hauptgebäude (1992) sich heute auf dem Campus/Platz der Göttinger Sieben befindet. An diesem historischen Standort beherbergt sie wertvolle Handschriften und seltene Drucke, darunter eine zweibändige, auf Pergament gedruckte Gutenbergbibel. Der alte Bibliothekssaal der Paulinerkirche steht für Vorträge, Tagungen und Veranstaltungen zur Verfügung, außerdem gibt es wechselnde Ausstellungen, u. a. zur Göttinger Wissenschaftsgeschichte.

Im Akademiehof (Papendiek) steht das zweite Lichtenberg-Denkmal der Stadt Göttingen (neben dem am Markt, S. 27). Es zeigt den kleinwüchsigen Physiker Georg Christoph Lichtenberg sitzend und von aufgeschlagenen Büchern umgeben – so lebensnah, dass man sich am liebsten dazusetzen und regen Austausch pflegen möchte. Die von Prof. Volker Neuhoff geschaffene Skulptur wurde am 30. Juni 1992 enthüllt, am Vorabend des 250. Geburtstages von Lichtenberg.

Historisches Gebäude der Niedersächsischen Staats- und Universitätsbibliothek • Papendiek 14/15 • Tel.: 0551 3912397 • www.sub.uni-goettingen.de • Lesesäle: Mo.–Fr. 10–19 Uhr • Paulinerkirche bei Sonderausstellungen: Di.–So. 11–18 Uhr •

10 JOHANNISVIERTEL S. 38

Bis in das frühe 19. Jh. bildeten der Gebäudekomplex um die Paulinerkirche und das Johannisviertel das Zentrum der Georgia Augusta. In den Häusern Paulinerstraße 1–4 wohnten Professoren. Schon im ersten Semester ließen sich 147 Studenten in Göttingen immatrikulieren. Der Lehrbetrieb war bereits am 14. Oktober 1734 aufgenommen worden, fast drei Jahre vor der offiziellen Einweihung der Universität. An jenem Tag hielt der Philosoph und Naturforscher Prof. Samuel Christian Hollmann (1696–1787) die erste Vorlesung in der Geschichte der Universität – im Hinterhaus des einstigen Gebäudes Johannisstraße 26. Zur selben Zeit lebten im Johannisviertel auch Handwerker, die auf ihren rückwärtigen Grundstücken Werkstätten betrieben. Erhalten sind z. B. noch Vorderhaus und Seitenflügel der Scharffschen Tuchmanufaktur (Papendiek 17).

11 PAULINERSTRASSE S. 38

Der in den Siebzigerjahren vollständig sanierte Straßenzug verläuft an der Südseite der Paulinerkirche. Er besteht aus Fachwerkhäusern, die aus dem 15. bis 18. Jh. stammen. Das Haus Nr. 6 ist das älteste durch Inschrift datierte Wohnhaus Göttingens (1495). Die Geschichte einiger Häuser in der Roten Straße lässt sich allerdings noch rund 250 Jahre weiter zurückverfolgen (siehe „Rote Straße", S. 56).

DIE ÖSTLICHE INNENSTADT

Auch wenn viele Teile Göttingens historische Ursprünge offenbaren – im Viertel rund um die um die Albani-Kirche fühlt man sich noch mehr in eine „gute alte Zeit" versetzt. Tatsächlich lässt sich seine Geschichte noch weiter zurückverfolgen: Hier liegen die Wurzeln des ehemaligen Dorfes Gutingi, während sich das neuere Stadtzentrum weiter westlich befindet. Mittelalterliche Straßenzüge, alten Fachwerkhäuser und viel Kultur verleihen dem Viertel einen ganz besonderen Charme.

SEHENSWERTES

Städtisches Museum Ausstellungen rund um die Stadtgeschichte. Trotz der derzeitigen Sanierung zu Teilen geöffnet. S. 62 14

Ethnologische Sammlung Eine spannende Entdeckungsreise durch mehrere Jahrhunderte weltweite Kulturgeschichte. S. 65 17

GASTRONOMIE

Gaudi Fein italienisch speisen im Börner-Viertel. S. 120 10

Restaurant Gauß am Theater Die Gerichte sind in bis zu sechs Gängen kombinierbar, auch vegetarische Menüs. S. 121 16

EINKAUFEN

pieper's Wunderschönes Modegeschäft mit Hof und Gartenhaus. S. 125 6

frohnatour Alles, was das Draußensein noch schöner macht – nicht nur für Alpinisten. S. 127 26

Der Drachenladen Drachen und andere Flugspielzeuge, Windspiele, Jonglier-Artikel, besondere Brettspiele und witzige Geschenkideen. S. 126 13

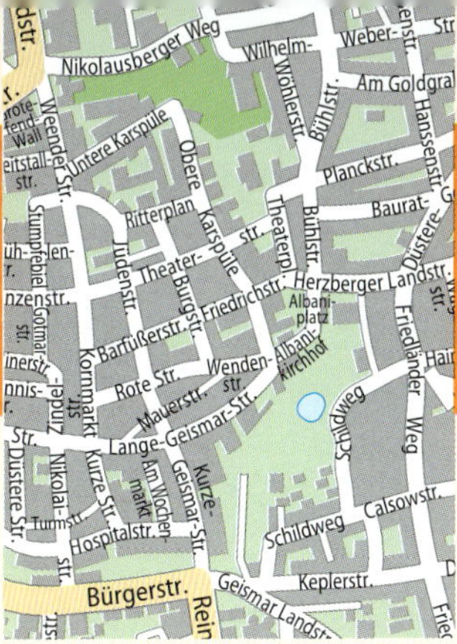

siehe große Karte S. 50/51

Fifty Five – Antik & Design Kunsthandwerk und Design des 20. Jh.s. S. 127 18

KULTUR UND FREIZEIT

Apex Beliebter Göttinger Treffpunkt für Kabarett, Theater, Musik und andere Veranstaltungen. S. 135 14

Deutsches Theater Abwechslungsreiches Repertoire auf drei Bühnen. S. 135 15

Stadthalle Göttingen Klassik-Konzerte, Shows, Tanz, Ballett, Musicals, Comedy u. v. m. S. 135 21

Der Cheltenhampark mit dem Schwänchenteich

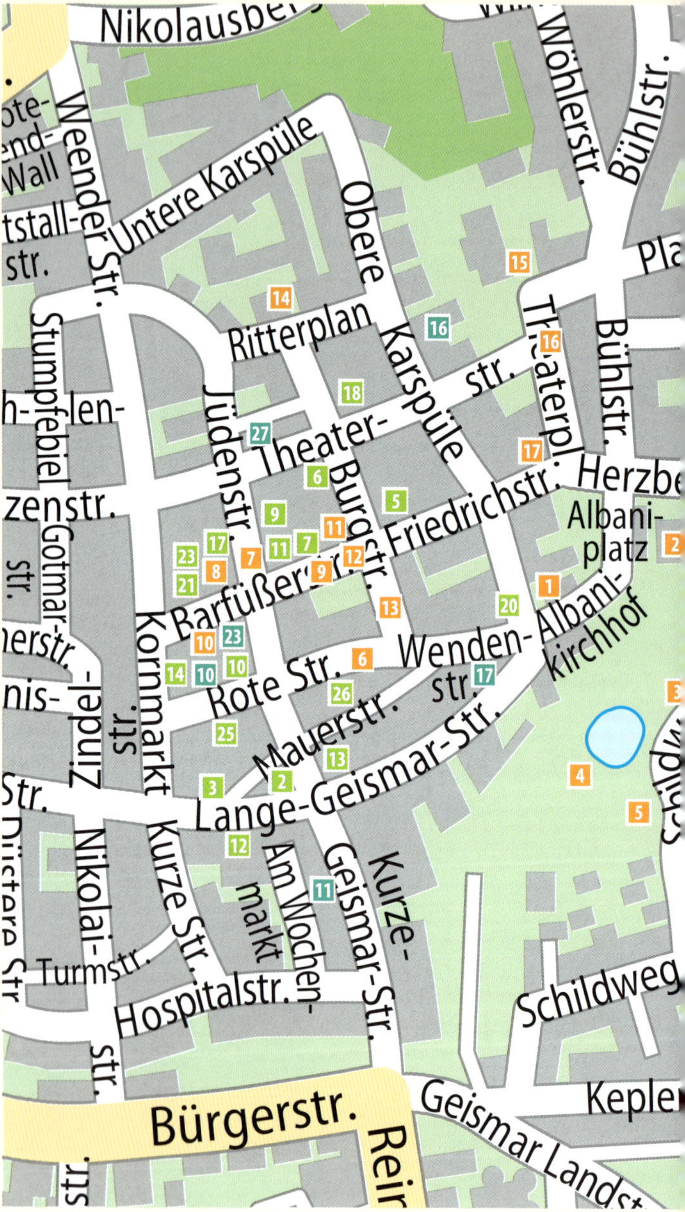
Nikolausberger
Wöhlerstr.
Bühlstr.
Weender Str.
Untere Karspüle
Obere Karspüle
Ritterplan
Pla
Theaterstr.
Theaterpl.
Bühlstr.
Stumpfebiel
Jüdenstr.
Burgstr.
Friedrichstr.
Herzbe
Albaniplatz
Gotmarstr.
Barfüßerstr.
Wendenstr.
Albanikirchhof
Kornmarkt
Rote Str.
Mauerstr.
Lange-Geismar-Str.
Zindelstr.
Nikolaistr.
Kurze Str.
Am Wochenmarkt
Kurze-Geismar-Str.
Turmstr.
Hospitalstr.
Schildweg
Kepler
Bürgerstr.
Geismar Landstr.
Rein

SEHENSWERTES

GASTRONOMIE

EINKAUFEN

1 ST. ALBANI S. 50

Sie ist die älteste Kirche Göttingens. Schriftlich zurückverfolgen lässt sich dies bis in das Jahr 1254. Vieles deutet darauf hin, dass der ursprüngliche Bau schon zuvor bestand und es sich um die Dorfkirche von Gutingi handelte. Die Existenz des alten „Dorfes am Wasserlauf" wurde mit einer Urkunde aus dem Jahr 953 belegt. Wahrscheinlich stiftete Otto der Große die Kirche während seiner Amtszeit (936–972). Als gesichert gilt, dass das Gotteshaus von nur wenigen Häusern umgeben war und außerhalb des sich später entwickelnden Stadtkerns lag – dieser bildete sich rund um Johanniskirche und Marktplatz.

Das Aussehen der Vorgängerbauten ist im heutigen Erscheinungsbild der Albani-Kirche nicht mehr erkennbar. Die ältesten erhaltenen Teile sind der leicht erhöhte Chor (spätes 14. Jh.) sowie die anschließend erbaute dreischiffige Stufenhalle. Der westliche Gebäudeteil mit dem gedrungenen Turm stammt aus dem Jahr 1423. Fast fünfzig Jahre später (1467) vollendete Baumeister Jakob von Worms die Arbeiten. Trotz einiger baulicher Veränderungen in den darauffolgenden Jahrhunderten wurde der mittelalterliche Charakter der St.-Albani-Kirche bis heute bewahrt. Lediglich die 1726 errichtete barocke Turmhaube weicht davon ab.

Während des Siebenjährigen Krieges nutzten die französischen Besatzungsmächte die Kirche als Mehlspeicher (1761), wodurch die Inneneinrichtung erheblich in Mitleidenschaft gezogen wurde. Weitere Schäden erlitt die Kirche beim Abzug der Truppen im Jahr 1762, als Pulvervorräte beim Albanitor

Mittelalterlicher Charme: St. Albani mit Vorplatz

Das Bronzerelief „Die Stadt" sorgte für Aufsehen

im nahe gelegenen Wall explodieren. Auf die anschließend durchgeführten Reparaturarbeiten folgten ab 1788 weitreichende Veränderungen im Innenbereich. Mitte des 19. Jh.s sowie im 20. Jh. gab es weitere Umbaumaßnahmen im Innenbereich. Die verwitterten Teile der Westfront und des Turmes wurden 1995 erneuert, im darauffolgenden Jahr konnten gotische Gewölbemalereien freigelegt und restauriert werden. Über die Jahrhunderte gerettet wurde der sehenswerte Altarschrein, auf dessen Flügel Gemälde von Johannes von Geismar (1499) zu sehen sind.

Albanikirchhof 1 a • Tel.: 0551 58117 • www.evlka.de/extern/goettingen/albani • Gottesdienst: So. 10 Uhr

2 STADTHALLE S. 50

Das 1962 bis 1964 erbaute Veranstaltungsgebäude befindet sich direkt gegenüber der Albani-Kirche. Der nüchterne Name und das pragmatische Erscheinungsbild täuschen darüber hinweg, dass hier ein buntes wie vielfältiges Programm geboten wird, bei dem zahlreiche prominente Künstler auf der Bühne stehen. Regelmäßig spielt das Göttinger Symphonie Orchester auf, außerdem gibt es weitere Klassikkonzerte, Show, Tanz, Ballett, Musicals und Comedy. Auf 2.600 Quadratmetern Hallenfläche (drei Ebenen) finden bei unbestuhlten Veranstaltungen rund 1.500 Besucher Platz. Von der 300 Quadratmeter großen Terrasse schaut man direkt ins Grün des benachbarten Cheltenhamparks.

Für das gediegene Göttingen der 1960er-Jahre wohl etwas zu freizügig geraten ist das Bronzerelief „Die Stadt" am Aufgang zur Terrasse. Das Kunstwerk zeigt (von

Das Rohns'sche Badehaus am Cheltenhampark

links nach rechts) „die Stadien der Gesellschaftsbildung" – so die offizielle diplomatische Umschreibung – oder „die Entwicklung vom Einzelnen über das Paar und die Gruppe bis hin zur Masse". Mit einer Größe von 3,10 x 3,30 Meter und 24 Zentner schwer ist es obendrein kaum zu übersehen. Das Werk des Braunschweiger Künstlers Prof. Jürgen Weber (1928–2007) sorgte im Eröffnungsjahr der Stadthalle (1964) für heftige Diskussionen. Die Bevölkerung lehnte eine derart „obszöne Kunst" mehrheitlich ab, freundete sich inzwischen jedoch mit dem Werk an, das auch damals schon viele Fürsprecher hatte. So merkte Wolfgang Rabe – seinerzeit Leiter des Städtischen Museums – an, „dass symbolisch gemeinte Figuren zum Zeichen ihrer Allgemeingültigkeit oft keine Kleidung tragen". Ebenso sollte bekannt sein, dass „auch Göttingen seinen Nachwuchs nicht aus dem Kiessee bezieht, sondern nur durch die angedeutete Tätigkeit des Paares Großstadt bleiben kann".

Albaniplatz 2 • Tel.: 0551 999580 • www.stadthalle-goettingen.de •

3 ROHNS'SCHES BADEHAUS S. 50

Der zwölfeckige Pavillon ist ein Hingucker am Zugang zum Cheltenhampark. Es handelt sich um eine Rekonstruktion (1972/73) des 1820 erbauten, ersten öffentlichen Badehauses. Gestaltet wurde es vom Architekten Christian Friedrich Andreas Rohns (1787–1853). Rohns, ab 1842 königlicher Baukommissar, prägte Göttingen mit seiner klassizistischen Architektur. Bereits als Geselle wirkte er am Bau der Sternwarte mit, später plante und gestaltete er u. a. die Aula am Wilhelmsplatz, das Amtshaus am Geismar Tor sowie ganze Straßenzüge in Göttingen wie den Neuen Markt (ab 1820).

Pächter des Rohns'schen Badehauses ist die Familie Bohm, die dort seit 1972 eine Filiale ihrer Göttinger Kunsthandlung „S. Bohm" betreibt. In der jüngsten Zeit gab es auch Überlegungen, die Räume als Café mit Biergarten zu gestalten.

Albaniplatz/Hainholzweg • S. Bohm Antiquitäten • Albaniplatz 3 • Tel.: 0551 57886 • www.sbohm.de •

4 CHELTENHAMPARK S. 50

Die kleine Grünanlage wurde 1976 nach Göttingens englischer Partnerstadt Cheltenham benannt. Mit seinem Schwänchenteich, Liegewiesen und großen, schattenspendenden Bäumen lädt sie zum Verweilen ein. Es gibt einen Kinderspielplatz mit Piratenschiff und schöne Spazierwege, die sich über die mittelalterliche Wallanlage fast einmal rund um die Innenstadt fortsetzen. Weitere Wege führen zum direkt angrenzenden Rosarium und über den Hainholzweg Richtung Schillerwiese (S. 98).

5 ALBANI-FRIEDHOF S. 50

Im südöstlichen Teil des Cheltenhamparks stehen verwitterte Grabsteine zwischen den urwüchsigen Bäumen. Der frei zugängliche Albani-Friedhof wurde 1783 geschaffen. Für ein gutes Jahrhundert diente er der Albani- und Nikolaigemeinde sowie dem Hospital St. Crucius als Begräbnisstätte. Noch sind rund dreißig Grabmale erhalten, das älteste stammt aus dem Jahr 1816. Darunter die Gräber einiger bedeutender Persönlichkeiten aus Kultur und Wissenschaft. So fand u. a. der große Mathematiker und Physiker Carl Friedrich Gauß hier seine letzte Ruhe (1855).

Teil des Parks: der historische Albani-Friedhof

Hier lebte Otto von Bismarck während seiner Studienzeit

6 ROTE STRASSE S. 50

Ein Bummel durch die kleinen Straßen, die hinter der Albani-Kirche in Richtung Innenstadt führen, lohnt sich sehr. Die Geschichte des alten Dorfes scheint noch greifbar, in den schmucken Fachwerkhäusern haben sich besondere, kleine Läden angesiedelt. Die – parallel zur Langen-Geismar-Straße – verlaufende Rote Straße ist eine der ältesten Straßen der Stadt. Vermutlich handelt es sich um einen Abschnitt der vorstädtischen Leinefurtstraße, die das Dorf Gutingi mit der Gerichtstätte auf dem Leineberg verband. Aus historischer Sicht besonders erwähnenswert ist das Haus Nr. 25. Bereits 1276 errichtet, gilt es als ältestes Fachwerkhaus der Stadt. Das älteste Gebäude Göttingens ist das Holbornsche Haus (1266) in der Roten Straße (Nr. 34). In dem massiven Steinbau verbirgt sich ein aufwendiger Kreuzgratgewölbekeller mit romanischer Säule. Er kann im Rahmen der Stadtführung „Ein Gang durch Göttingens Unterwelt" besichtigt werden (buchbar über die Tourist-Information im Alten Rathaus). In dem Gebäude ist die Stadtarchäologie untergebracht, außerdem wird es für verschiedene Veranstaltungen und Ausstellungen genutzt. Im Haus Rote Straße Nr. 27 lebte der spätere Reichskanzler Otto von Bismarck während seiner kurzen Göttinger Studienzeit (1832–1833). Eine Gedenktafel weist auf den berühmten Bewohner hin, der auch einige Tage im Universitätsgefängnis saß (siehe „Karzer", S. 59).

7 JÜDENSTRASSE S. 50

Der Name dieser Straße geht auf eine jüdische Gemeinde zurück, die ab dem Mittelalter bestand. Sie besiedelte auch die Speckstraße, wo sich ihre Synagoge befand, sowie die ehemalige „Kurze Jüdenstraße“ – heute der angrenzende Abschnitt der Theaterstraße. Auch in Göttingen mussten Juden immer wieder Pogrome und Vertreibungen erdulden. So lebten im Zeitraum 1460 bis 1559 gar keine Juden in der Stadt. Anders als viele andere ähnlich lautende Straßen in Deutschland, wurde die Göttinger Jüdenstraße während des Nationalsozialismus nicht umbenannt.

8 JUNKERNSCHÄNKE S. 50

Das wohl prachtvollste Fachwerkhaus Göttingens steht an der Ecke Barfüßerstraße/Jüdenstraße. Es wurde 1446 als gotisches Fachwerkhaus errichtet und 1547 bis 1549 im Stil der Renaissance umgestaltet. Die Fassade erzählt u.a. biblische Geschichten. Zu sehen sind Darstellungen von Jesus Christus und Johannes dem Täufer. Bis 1531 gehörte das Haus dem Bildschnitzer Bartold Kastrop, anschließend erwarb es der damalige Göttinger Bürgermeister Giselher Swanenvogel, der es bis zu seinem Tod (1566) bewohnte. Er ließ sich auf einem Eckpfosten zusammen mit seiner Gattin Othilia verewigen. Ab 1883 befand sich in dem Haus eine Weinschenke. Die Tradition setzte sich mit einem Restaurant fort, das jedoch infolge einer Krise schließen musste. 2012 ist ein Steakhaus eingezogen.

Barfüßerstraße 5 •

9 BARFÜSSERSTRASSE S. 50

Die Straße ist nach den Franziskanermönchen benannt, die hier 1268 ein Kloster gründeten. Als „Barfüßer“ (auch „Discalceaten“ von lat. discalceati, „Unbeschuhte“) bezeichnete man Angehörige verschiedener katholischer Ordensgemeinschaften, die traditionell

„ALLES UNTER DACH UND FACH“

Viele Redewendungen und Begriffe sind auf die Bautechnik zurückzuführen, Häuser aus Balkenkonstruktionen zu gestalten. Die dazwischen entstandenen Felder bezeichnet man als „Gefache“, die Methode, sie mit Substanz zu füllen, als „Ausfachen“. Dabei wurden verschiedene Materialien verwendet, z.B. Naturstein, Klinker, Lehmziegel oder Flechtwerk mit Lehmbewurf. Manche unverputzten Fassaden zeigen sehr deutlich, welche Methode zum Einsatz kam. An vielen Fachwerkhäusern ist auch erkennbar, dass das Material arbeitet. So wirken manche dieser Bauten seltsam gedrungen oder verformt, was den pittoresken Charakter noch unterstreicht. Es lohnt sich, Fachwerk genauer zu betrachten, ganze Geschichten verstecken sich in den Fassaden, biblische und weltliche Szenen. Oft nutzten die Hausherren sie auch, um ihre eigene Weltanschauung zu präsentieren oder Botschaften zu vermitteln.

barfuß liefen. Der Straßenverlauf markiert den Weg vom Markt zum damaligen Kloster, das sich mit seinem östlichen Teil bis zum heutigen Wilhelmsplatz erstreckte.

Neben der Rats-Apotheke an der Ecke Weender Straße (S. 31) ist das Haus Nr. 12 erwähnenswert: Das „Haus des Abel Bornemann" wurde als Fachwerkbau der Frührenaissance (1536) errichtet, weist aber auch gotische Elemente auf. Im ersten Stock ist eine für die Bauweise charakteristische Utlucht (Erker) zu sehen. Über der Eingangstür stehen die weisen Worte: „Es wünsche mir einer was er will / Dem gebe Gott noch mal so viel." Das Haus bildet zugleich den nördlichen Zugang zur Passage Börner-Viertel.

10 BÖRNER-VIERTEL S. 50

Abseits des City-Trubels und doch mittendrin versteckt sich dieser schöne Ort. Eine Passage aus historischen Innenhöfen, die von Gastronomen und Galerien genutzt wird. Ihre unscheinbaren Eingänge liegen in der Barfüßerstraße und der Roten Straße, wer auf die Schilder mit dem roten Schriftzug „Börner-Viertel" achtet, wird sie finden. Zu den Seiten beider Eingänge stehen zudem Diabas-Skulpturen von Prof. Wolf Bröll. Sie tragen wohl bewusst keinen Namen, sondern nur den des verwendeten Ergussgesteins (Diabas), dem der Künstler seine eigene Sprache lässt: Blockhafte, noch unbearbeitete Stücke bilden einen Kontrast zu den bearbeiteten und polierten Partien der Skulpturen.

Die Passage wurde 1890 nach dem Fleischer Christian Börner benannt, noch zu erkennen am Schild im Durchgang, das Börner als „sächsischen Hoflieferanten" ausweist. Heute steht der Genuss in den Höfen im Mittelpunkt. Man schwelgt mediterran im Restaurant „Gaudi" oder genehmigt sich einen Drink in der Szenebar „[...] Dots" (S. 122), auf Strandstühlen und Sofas mit Blick auf das Fachwerk. An manchen Abenden sorgt Livemusik für Stimmung.

Auch ein weiteres Kunstwerk ist im Börner-Viertel zu bewundern: Ein Mann scheint mit einem Schreibtisch verwachsenen zu sein. „Meine Skulpturen sind keine Schilderungen besonderer Ereignisse oder individueller Begebenheiten, sondern Bildmetaphern, die Zustände, sich wiederholende Verläufe, anschaubar machen", begründete der Bildhauer Bernd Altenstein seine Ambitionen. Er schuf die Bronzeskulptur „Mann am Schreibtisch" bereits 1984, der Öffentlichkeit präsentiert wurde sie im Jahr 2008.

Barfüßerstraße 12–13/Rote Straße 16
• Kulinarisches: Gastronomie S. 119

11 AULA AM WILHELMSPLATZ S. 50

Der Platz gefällt mit seinen Blumenrondellen und hohen Bäumen, das Besondere aber ist das große, klassizistische Gebäude, das ihn flankiert. Die Aula am Wil-

Aula am Wilhelmsplatz

helmsplatz (1835–1837) schreibt ein Stück Universitätsgeschichte. Ernst von Bandel gestaltete das Giebelrelief mit allegorischen Figuren. Sie verkörpern die damaligen Fakultäten Medizin, Theologie, Jura und Philosophie. Ähnlich majestätisch gibt sich der große Festsaal, der noch heute für repräsentative universitätsinterne Zwecke genutzt wird, u. a. Antrittsvorlesungen, Examensfeiern, Ehrungen, Tagungseröffnungen und klassische Konzerte. Vor der Aula erinnert ein Denkmal an König Wilhelm IV., der auch Namensgeber des Platzes ist. Er stiftete das Gebäude anlässlich des 100. Geburtstag der Georgia Augusta (1837).

TIPP Eine besondere Veranstaltung in der Aula, an der alle Interessierten teilnehmen können, ist die öffentliche Ringvorlesung. Wissenschaftler referieren dabei allgemein verständlich zu Themen ihrer Forschungsgebiete, auch Politiker und bekannte Kulturschaffende gehören zu den Dozenten.

Wilhelmsplatz 1 • Öffentliche Ringvorlesung: Di. 18.15 Uhr (während der Vorlesungszeiten im Semester) •

12 KARZER S. 50

ENTDECKER-TIPP

Hinter der Fassade der Aula am Wilhelmsplatz verbirgt sich ein einzigartiges Stück Göttinger Universitätsgeschichte. Im Karzer (von lat. carcer „Umfriedung, Kerker") mussten Studenten einsitzen, die sich „strafbar" gemacht hatten, etwa durch Glücksspiele, öffentliche Trunkenheit oder „Unfug aller Art" wie nächtliches Lärmen, zu schnelles Reiten in der Stadt oder

A. Lüer
Aug. 8-12. 1911.
Seegolke
Cand. agr.
29.7.-1.8.
1911

Baden in der Leine außerhalb der Badeanstalten. Leichte Missetaten wurden mit eintägiger Karzerstrafe belegt, schwerwiegende Delikte mit bis zu zwei Wochen Haft. Die aus heutiger Sicht zweifelhafte pädagogische Maßnahme war noch bis in das frühe 20. Jh. zulässig, in Göttingen wurde sie bis 1933 praktiziert: Die Universität besaß die alleinige Gerichtsbarkeit „in civilibus et criminalibus" über ihre Studenten.

Der Göttinger Karzer besteht aus acht Zellen, jede war ausgestattet mit Bett, Tisch, Stuhl und Bank, einem Waschgeschirr aus Blech, einem Aborteimer sowie einem eisernen Ofen. Mit zahlreichen Zeichnungen und Inschriften haben sich die ehemaligen Insassen verewigt. Zu sehen sind Kohle- und Kreidezeichnungen, Wappenbilder, farbige Gemälde, Karikaturen und viele Schattenrissporträts, Inschriften aus Lampenruß, Schnitzereien an Wänden und Decken, in Tischen und Bodendielen. Auch der Grund der Haft wurde häufig dargestellt. So dichtete ein Student, der offenbar wegen des Austretens von Straßenlaternen einsaß: „Als ich sie zuerst gesehen / Dacht ich nur das eine: / Himmel, brennt die Lampe schön! / Diese oder keine!" Im Jahr 2007 wurden die acht Zellen restauriert. Viele Privatpersonen und Geschäftsleute in Göttingen trugen dazu bei, dass die Werke der jungen Talente wieder gut erkennbar sind und der Nachwelt erhalten bleiben.

◀ Zelle im Universitätsgefängnis „Karzer"

In den Gründungsjahren der Georgia Augustia diente noch das Kollegienhaus nördlich der Paulinerkirche als Göttinger Universitätsgefängnis. Dort verbrachte auch der spätere Reichskanzler Otto von Bismarck, der bereits1832 bis 1833 in Göttingen studierte, eine zehntägige Haftstrafe. Verknackt worden war er wegen seiner Rolle als Unparteiischer in einem Pistolenduell. Ab 1837 übernahm der Karzer in der neu errichteten Aula die studentischen Häftlinge. Heute können die Räume im Rahmen von Stadtführungen besichtigt werden.

Wilhelmsplatz 1 • Besichtigungen ausschließlich im Rahmen der Stadtführungen der Tourist-Information Göttingen (Altes Rathaus) • Tel.: 0551 4998012 • www.goettingen-tourismus.de • i

13 BURGSTRASSE S. 50

Der Name deutet auf den mittelalterlichen Ursprung dieses Straßenzuges hin, der in seiner ganzen Länge parallel zum ältesten Teil der Stadtmauer verläuft. Er erinnert an einen welfischen Wirtschaftshof im Nordosten Göttingens, der 1298 erstmals als Burg (castrum) erwähnt wurde und bis in das späte 14. Jh. bestand. In der zweiten Hälfte des 15. Jh.s lebten in diesem Randbezirk vorwiegend Leineweber, Tuchmacher und Mitglieder der Meinheit (der „gemei-

Dieses gotische Fachwerkhaus wurde 1536 erbaut

ne" Bürger bzw. eher gering angesehene Handwerksberufe). Heute zieht es besonders Freunde darstellender Kunst in die Burgstraße: Bereits seit 1971 sind die Räume des Kulturvereins „Apex" ein beliebter Göttinger Treffpunkt für Kabarett, Theater, Musik und andere Veranstaltungen.

Apex Kultur e.V. • Burgstraße 46 • Tel.: 0551 46886 • www.apex-goe.de • Mo.–Sa. ab 17.30 Uhr, So. Ruhetag (außer bei Veranstaltungen)

14 STÄDTISCHES MUSEUM

S. 50

TOP-TIPP

Das einzige im Stil der Renaissance gebaute Adelspalais der Stadt (1592) beherbergt das Städtische Museum mit seinen reichhaltigen Sammlungen zur Stadtgeschichte. Es wurde 1889 von Moriz Heyne als „Städtische Alterthümersammlung" gegründet. Damit ist es eines der ältesten stadt- und kulturgeschichtlichen Museen Niedersachsens. Ab 1912 wurde es um die Räume der benachbarten „Alten Post" erweitert. Die Sammlungen speisen sich größtenteils aus Schenkungen der Göttinger Bürger. Ihre Exponate veranschaulichen die Entwicklung der Stadt von der ersten Besiedlung über die Gründung der Universität bis in die Neuzeit. Darüber hinaus gibt es u.a. Sondersammlungen mit Kirchenkunst, zur jüdischen Geschichte, eine Textilsammlung und eine grafische Sammlung. Im Jahr 2009 stellte sich heraus, dass die Fachwerkkonstruktion vom Holzwurm und Hausschwamm befallen und damit einsturzgefährdet ist. Daher wird der mittelalterliche Gebäudekomplex seit 2008 aufwendig saniert.

Das Städtische Museum wird saniert

Ritterplan 7/8 • Tel.: 0551 4002843 • www.museum.goettingen.de • Di.–Fr. 10–17 Uhr, Sa./So. 11–17 Uhr, an Feiertagen geschlossen (außer Ostersonntag und Pfingstsonntag)

15 DEUTSCHES THEATER S. 50

In wunderschöner Lage am Stadtwall bietet der neoklassizistische Bau des Deutschen Theaters schon von außen etwas für das Auge. Es wurde 1888/89 von Hofbaumeister Gerhard Schnitger nach dem Vorbild des großherzoglichen Hoftheaters in Oldenburg erbaut. Auf drei Bühnen öffnen sich die Vorhänge für ein abwechslungsreiches Repertoire. Neben dem Großen Haus hat sich der „DT Keller" etabliert, eine Off- und Kleinkunstbühne mit Gastronomie, zu der

BETRETEN DER BAUSTELLE ERWÜNSCHT!

Die Bau- und Sanierungsarbeiten dauern offenbar länger an, als zunächst erwartet. Eine Besichtigung des Städtischen Museums ist dennoch weiterhin eingeschränkt möglich. Große Teile der Dauerausstellung sind zwar während der Erhaltungsmaßnahmen geschlossen, doch die gestaltete Ausstellung zur Kirchenkunst ist weiterhin geöffnet. Sie wird inzwischen teils auch in Sonderausstellungen integriert. Außerdem gibt es wechselnde Veranstaltungen und Aktionen. Im Zuge der Sanierungsarbeiten werden die Museumssammlungen überprüft und erfasst. Dabei kommen zahlreiche, bisher noch nie ausgestellte Objekte ans Licht, die faszinierende neue Einblicke in die Göttinger Stadt- und Kulturgeschichte eröffnen.

Kultur in schöner Lage: das Deutsche Theater

man durch das Theaterbistro gelangt. Im modernen Anbau ist das „DT Studio" untergebracht, eine multifunktionale Blackbox, in der bis zu einhundert Zuschauer Platz finden. Das Ensemble des DT umfasst rund dreißig Schauspieler.

Deutsches Theater Göttingen • Theaterplatz 11 • Tel.: 0551 496911 • www.dt-goettingen.de • Theaterkasse: Mo.–Fr. 10–19 Uhr, Sa. 11–14 Uhr •

16 DER KANDELABER S. 50

Vor dem Deutschen Theater befindet sich ein – ja, was ist es eigentlich, ein Kreisverkehr? Diese Frage stellen sich besonders Auswärtige häufig, denn von der Straßenführung her sieht es danach aus. Doch es fehlt das entsprechende blaue Verkehrszeichen mit den weißen Pfeilen. Also ist es keiner, und so fahren besonders Einheimische gern den direkten Weg – von der Bühlstraße kommend links am Rondell vorbei. Zweifelnde Autofahrer indes nehmen es lieber doch als Kreisverkehr und fahren rechts herum. Beide haben recht, sofern alle Verkehrsregeln wie „rechts vor links" beachtet werden, und weil viele Göttinger wissen, was Auswärtige hier denken, bleibt das große Chaos aus. Es gelang einst auch Heinz Erhardt in dem Film „Natürlich die Autofahrer": In der Rolle des Verkehrspolizisten Eberhardt Dobermann absolviert er hier erfolgreich seine längst fällige Führerscheinprüfung. Weil mittendrin eine fünfarmige Laterne steht, hat das Ganze übrigens doch einen Namen: Als „Kandelaber" werden mehrarmige Leuchter und entsprechende Straßenlaternen bezeichnet.

Theaterplatz

17 ETHNOLOGISCHE SAMMLUNG S. 50

TOP-TIPP

Bis nach Hawaii und Australien hat es sich herumgesprochen, dass Göttingen über eine der weltweit ältesten und bedeutendsten ethnologischen Sammlung verfügt. Zumindest war die Sammlung (jedenfalls ein Teil davon) dort bereits zu Gast, genauso wie im Pariser Museé du quai Branly. Sensationell ist die Südseesammlung mit rund 500 Stücken aus dem Kulturschatz, den Kapitän James Cook und die ihn begleitenden Naturforscher von drei Weltreisen (1768–1780) mitbrachten. Mit an Bord waren auch die beiden deutschen Wissenschaftler Georg Forster und Johann Reinhold. So gelangten schließlich Gegenstände nach Göttingen wie das hawaiianische Federbildnis „ki'i hulu manu", das den Kriegsgott Kuka'ilimoku darstellt.

Den Großteil der völkerkundlichen Sammlung bildet Afrika mit 4.500 Exponaten. Teils sind sie als Installationen gestaltet, sodass der Besucher eine komplette Schmiedewerkstatt oder eine Küche der im Sahelgebiet lebenden Kanuri betrachten kann. Die Dauerausstellungen umfassen außerdem die Regionen Nord- und Südamerika (u. a. mit Federschmuck vom Amazonas), Australien, Ostasien und Sibirien/Alaska. So ermöglichen insgesamt mehr als 16.000 Exponate eine Entdeckungsreise durch einige Jahrhunderte Kulturgeschichte.

Ethnologische Sammlung der Universität Göttingen • Institut für Ethnologie • Theaterplatz 15 • Tel.: 0551 397892 • www.uni-goettingen.de/de/28899.html • So. 10–16 Uhr und nach telefonischer Vereinbarung • Auch Sonderaktionen wie Taschenlampenführungen für Kinder! •

Ausstellungsraum der Ethnologischen Sammlung

VOM GEISMAR TOR ZUM GRONER TOR

Der westliche Bereich der Innenstadt gefällt mit mittelalterlichen Winkeln und einer wunderschön begrünten Wallanlage. Entlang der ehemaligen Stadtbefestigung reihen sich geschichtsträchtige Denkmale, schmucke Fachwerkbauten und sehenswerte Kirchen. Eine alternative Kulturszene, beliebte Bars und Kneipen und große Flohmärkte sorgen für Leben. Und wem gelingt es, am Geismar Tor die Botschaften der großen Physiker zu entschlüsseln?

siehe große Karte S. 68/69

SEHENSWERTES

Gauß-Weber-Laser Die moderne Variante des Gauß-Weber-Telegrafen. S. 71 3

Stadtwall Die citynahe Grünanlage bietet schöne Lauf- und Spaziermöglichkeiten. S. 72 4

Musikinstrumentensammlung im Accouchierhaus Instrumente aus aller Welt und den verschiedensten Epochen. S. 72 5

Junges Theater Auch Menschen, die schon älter sind, gefallen die Inszenierungen. S. 76 9

GASTRONOMIE

ZAK Gemütliches Kneipen-Restaurant mit Biergarten am Wochenmarktplatz. S. 121 15

P-Cafe Frühstück, Kuchen und Bistroküche im schönen Nikolaikirchhof, mit Sommerterrasse. S. 122 22

Déjà vu Die Rettung für Nachtschwärmer: Hier kann man durchfeiern. S. 122 24

EINKAUFEN

Papajule Schöne Dinge für große und kleine Kinder. S. 126 15

Käse-Boucoiran Mehr als 250 Käsesorten aus ganz Europa, Feinkost und Weine. S. 127 24

KULTUR UND FREIZEIT

Literarisches Zentrum „Begehbares Feuilleton" für Literaturinteressierte und andere Künstler. S. 135 18

Lumière Das Programmkino zeigt künstlerisch herausragende Filme und Filmreihen. S. 136 25

Kirche St. Marien

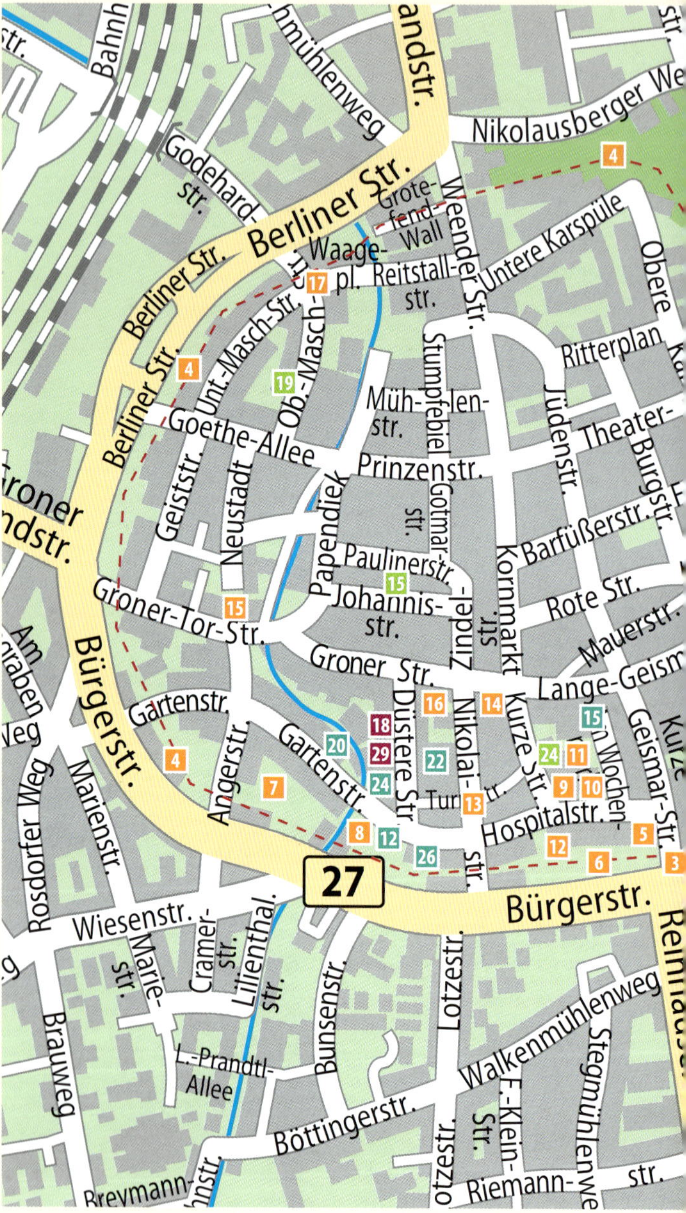
Bahnh
Godehard-
str.
Berliner Str.
Berliner Str.
Berliner Str.
Berliner Str.
Nikolausberger We
Grote-
fend-
Wall
Waage-
pl.
Reitstall-
str.
Weender Str.
Untere Karspüle
Obere
Unt.-Masch-Str.
Ob.-Masch-
Stumpfebiel
Müh-
len-
str.
Ritterplan
Jüdenstr.
Theater-
Burgstr.
Goethe-Allee
Prinzenstr.
Geiststr.
Neustadt
Papendiek
Gotmar-
str.
Barfüßerstr.
Paulinerstr.
Kornmarkt
Johannis-
str.
Zindel-
str.
Rote Str.
Mauerstr.
Groner
Landstr.
Groner-Tor-Str.
Groner Str.
Lange-Geism
Am
Graben
Weg
Bürgerstr.
Gartenstr.
Gartenstr.
Angerstr.
Düstere Str.
Nikolai-
Kurze Str.
Wochen-
Geismar-Str.
Kurze
Rosdorfer Weg
Marienstr.
Tur
str.
Hospitalstr.
27
Bürgerstr.
Wiesenstr.
Marie-
str.
Cramer-
str.
Lilienthal-
str.
Bunsenstr.
Lotzestr.
Reinhäuser
Walkenmühlenweg
Stegmühlenwe
Brauweg
L.-Prandtl-
Allee
Böttingerstr.
F.-Klein-
Str.
Riemann-
str.
Breymann-
4
17
19
15
15
16
14
15
18
29
20
22
24
11
24
9
10
4
7
13
8
12
26
12
5
6
3

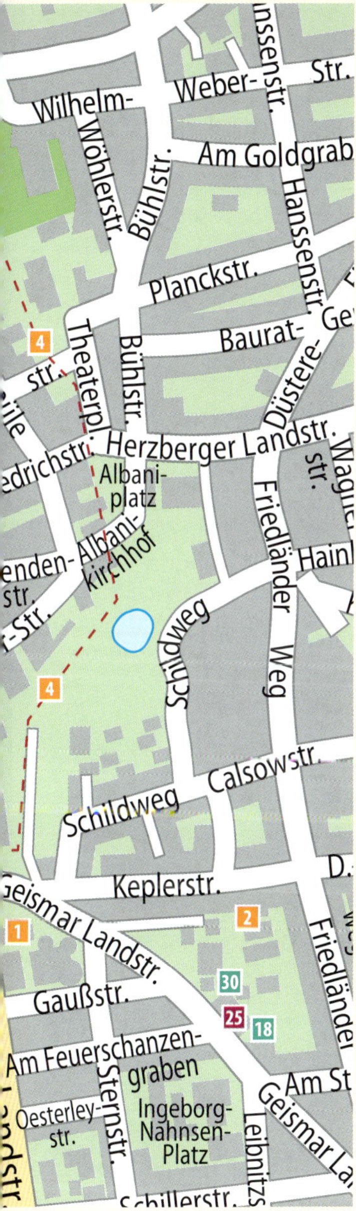

SEHENSWERTES

1 Neues Rathaus S. 70
2 Historische Sternwarte S. 70
3 Gauß-Weber-Laser S. 71
4 Stadtwall S. 72
5 Accouchierhaus/Musik-instrumentensammlung S. 72
6 Gauß-Weber-Denkmal S. 74
7 Bismarckhäuschen S. 74
8 Odilienmühle S. 75
9 Junges Theater S. 76
10 Kulturzentrum KAZ S. 77
11 Wochenmarktplatz S. 77
12 Wöhler-Denkmal S. 78
13 Turmstraße S. 78
14 St. Michael S. 79
15 St. Marien S. 79
16 St. Nikolai S. 81
17 Synagogen-Mahnmal S. 81

GASTRONOMIE

12 Sausalitos S. 120
15 ZAK S. 121
18 café kollektiv kabale S. 121
20 Salamanca S. 122
22 P-Cafe S. 122
24 Déjà vu S. 122
26 Monro's Park S. 123
30 Theaterkeller („T-Keller") S. 123

EINKAUFEN

15 Papajule S. 126
19 Floh-Art S. 127
24 Käse-Boucoiran S. 127

KULTUR UND FREIZEIT

18 Literarisches Zentrum S. 135
25 Lumière S. 136
29 Galerie Ahlers S. 136

1 NEUES RATHAUS

S. 68

Wie ein Wahrzeichen ragt der Bau des Neuen Rathauses am Hiroshimaplatz auf, mit achteckigem Grundriss und 16 Stockwerken. Er wurde 1978 fertiggestellt, sodass die vom Alten Rathaus übergesiedelte Stadtverwaltung genug Raum erhielt, angepasst an die Bedürfnisse der gewachsenen Großstadt. Auch ohne administrativen Grund lohnt es sich, mit dem Fahrstuhl hinaufzufahren: Aus der – auch Gästen zugänglichen – Rathauskantine im 16. Stock bietet sich ein umwerfender Blick über Göttingen.

Vor dem Gebäude steht ein Bronzeportal des Künstlers Jürgen Weber (1928–2007) aus Braunschweig. Auf einer Fläche von 2,50 x 2,45 Meter ist die Geschichte der Stadt Göttingen vor dem Hintergrund der Geschichte Mitteleuropas dargestellt. Das Werk wurde teils heftig kritisiert aufgrund der Auswahl und Wertung historischer Ereignisse, auch sollen einige der geschichtlichen Fakten nicht korrekt sein. Fürsprecher hingegen sehen es als Ausdruck gestalterischer Freiheit und loben die künstlerische Leistung.

Hiroshimaplatz 1–4 • Kantinenzeiten: Mo.–Do. 7.30–14 Uhr, Fr. 7.30–13.30 Uhr •

2 HISTORISCHE STERNWARTE

S. 68

Ungefähr 200 Meter hinter dem Neuen Rathaus (Geismar Landstraße) steht ein Kuppelbau in einem prächtigen Garten: die historische Sternwarte, errichtet im Jahr 1816 unter Georg III. nach dem Vorbild des Oxforder Observatoriums und von Beginn an die Arbeits- und Wohnstätte von Carl Friedrich Gauß. Hier lebte und forschte der berühmte Mathematiker, Astro-

Die historische Sternwarte in der Geismar Landstraße

nom und Physiker bis zu seinem Tod am 23. Februar 1855, daher wird sie auch Gauß-Sternwarte genannt. Die ehemaligen Meridiansäle des Gebäudes wurden im Zuge der aufwendigen Restauration in repräsentative Seminar- und Veranstaltungsräume verwandelt. Ihre Nutzung ist vorrangig dem Lichtenberg-Kolleg vorbehalten und sie können für thematisch passende wissenschaftliche Veranstaltungen der Georg-August-Universität gebucht werden. Die Besichtigung ist samstags und sonntags im Rahmen von Führungen möglich.

Geismar Landstraße 11 • Führungen: www.goettingen-tourismus.de

3 GAUSS-WEBER-LASER S. 68

In einigen Abendstunden blitzt ein grüner Lichtstrahl durch den Göttinger Abendhimmel am Geismar Tor. Wer genau hinsieht und über den Code verfügt, kann daraus Botschaften entschlüsseln – genauso wie Carl Friedrich Gauß und Wilhelm Weber vor fast 200 Jahren. Die beiden großen Physiker erfanden im Jahr 1833 den ersten elektromagnetischen Telegrafen. Sein Draht führte von der Sternwarte über das Accouchierhaus (S. 72) und den Johanniskirchturm zum physikalischen Kabinett in der heutigen „Alten Universitätsbibliothek" (Prinzenstraße/Ecke Leinekanal). In dieser Richtung sendet seit November 2007 auch der Laser, installiert vom „Measurement Valley", das hier seinen Sitz hat. Zu dem Wirtschaftsverband haben sich rund vierzig Unternehmen für Messtechnik zusammengeschlossen.

A+	F--	L-++	Q+++-	V+--+
B-	G+++	M-+-	R++-+	W+---
C++	H++-	N--+	S++--	X-+++
D+-	I+-+	O---	T+-++	Y-++-
E-+	K+--	P++++	U+-+-	Z-+-+

Mit diesem Schlüssel lässt sich der Code knacken

Alle Beobachter sind eingeladen, den von Gauß und Weber entwickelten Code zu knacken. Dazu stellt das „Measurement Valley" die Decodierungstabelle zur Verfügung.

Ähnlich wie beim Morsealphabet (der Code ist natürlich ein anderer) wird jeder Buchstabe durch eine Kombination aus kurzen und langen Signalen dargestellt. Dabei steht das Pluszeichen für kurze und das Minuszeichen für lange Lichtpulse. Buchstaben und Worte werden durch unterschiedlich lange Pausen getrennt. Anfang und Ende der Nachricht sind jeweils durch eine Sequenz aus abwechselnd langen und kurzen Pulsen gekennzeichnet. Der Laser beginnt jeden Abend ungefähr zur übernächsten vollen Stunde nach Sonnenuntergang zu leuchten und sendet dann für zwei Stunden, wobei die Nachricht laufend wiederholt wird. Ein spannendes wie lehrreiches Vergnügen!

Geismar Tor • Sendezeiten unter: www.measurement-valley.de/de/leben-im-measurement-valley/stadtgeschichte-n-

4 STADTWALL S. 68

Fast komplett um die Göttinger Innenstadt führt der Ring der ehemaligen Stadtbefestigung. So lässt sich gut nachvollziehen, wie ihre Struktur im späten Mittelalter ausgesehen haben muss. Ab 1362 war der alte Stadtmauerring durch dieses weiter vorgelagerte System aus Gräben und Wällen verstärkt worden, welches das „Alte Dorf" (um St. Albani), die Neustadt um St. Marien sowie das Gebiet der Maschmühle am Leinekanal mit einbezog. Die Namen der vier einstigen Stadttore (Geismar, Groner, Weender und Albani-Tor) finden sich teils noch in den jeweiligen Straßenbezeichnungen wieder. Die Tore existierten bis in das frühe 18. Jh. Ab dem Ende des Siebenjährigen Krieges (1763) wurden die Befestigungen zu einer Grünanlage umgestaltet, um den Freizeitwert der erblühenden Universitätsstadt zu erhöhen. Man bepflanzte den Wall mit Sommerlinden, die eine Allee bildeten. Im Laufe der Jahrhunderte kamen Ahorn, Eichen, Buchen und Robinien hinzu.

Auf fast drei Kilometern Länge bietet sich damit eine wunderschöne Möglichkeit, in unmittelbarer City-Nähe durch das Grün zu spazieren oder zu joggen. Immer wieder blitzen Fachwerkbauten, ehrwürdige Gemäuer und rote Ziegeldächer durch das Blattwerk, und abzweigende Wege führen zu weiteren lauschigen Plätzen wie dem Alten Botanischen Garten, dem Cheltenhampark oder dem Rosarium.

TIPP Ein schöner Startpunkt für die Umrundung Göttingens auf dem Stadtwall sind z. B. die (gebührenpflichtigen) Parkplätze bei der Stadthalle oder am Geismar Tor gegenüber dem Neuen Rathaus.

5 ACCOUCHIERHAUS/ MUSIKINSTRUMENTEN-SAMMLUNG S. 68

Wer die Wall-Umrundung am Geismar Tor in Richtung Westen beginnt, findet schon nach wenigen Metern einen lohnenden Ort zum Innehalten vor. An der Kurzen-Geismar-Straße steht das Accouchierhaus (1791), einst errichtet als Geburtsklinik (franz. accoucher, „entbinden"). Heute dient das klassizistische Gebäude dem musikwissenschaftlichen Seminar der Universität. Es beherbergt eine der größten Musikinstrumentensammlungen Deutschlands mit 1.923 Instrumenten aus aller Welt und den verschiedensten Epochen, neben modernen Instrumenten auch Stücke wie eine rund 4.500 Jahre alte ägyptische Laute. Ein Großteil der Sammlung ist ausgestellt.

Musikinstrumentensammlung der Georg-August-Universität Göttingen • Musikwissenschaftliches Seminar • Kurze-Geismar-Straße 1 • Tel.: 0551 39 5075 • www.uni-goettingen.de/de/71170.html • So. 10–16 Uhr (außer in den Oster- und Weihnachtsferien) •

▶ Sehenswert ist auch die Innenarchitektur des Accouchierhauses

Studentenbude des Reichskanzlers: das Bismarck-Häuschen

6 GAUSS-WEBER-DENKMAL

S. 68

Das Denkmal befindet sich direkt am Wall nahe dem Accouchierhaus. Mit Carl Friedrich Gauß (1777–1885) lebte und arbeitete über fünfzig Jahre lang ein Wissenschaftler in Göttingen, der mit seinen Forschungen weltweit Aufsehen erregte. Er entwickelte u. a. zahlreiche mathematische Funktionen wie den Gaußschen Integralsatz und die Glockenkurve. Im Jahr 1807 wurde er zum Professor für Astronomie an der Georgia Augusta und zum Direktor der Sternwarte berufen. Wilhelm Weber (1804–1891) wurde 1831 auf Empfehlung von Gauß ordentlicher Professor für Physik in Göttingen. Er leitete auch das „Physicalische Cabinet" am Papendiek – jenen Ort, von dem aus die beiden Gelehrten die legendäre telegrafische Verbindung zur Sternwarte herstellten. Der Berliner Künstler Ferdinand Hartzer (1838–1906) schuf die Bronzeskulpturen im Jahr 1899. Gauß wird dabei in seiner Bedeutung hervorgehoben: Der sitzende Gauß spricht, während der vor ihm stehende Weber zuhört und fragt.

Wallanlage/Bürgerstraße

7 BISMARCK-HÄUSCHEN

S. 68

Dort, wo der Leinekanal den Stadtwall kreuzt, steht der letzte noch erhaltene Turm des äußeren mittelalterlichen Befestigungsrings. Ursprünglich als Munitionslager eingerichtet, wurde er ab dem frühen 19. Jh. als Gartenhaus genutzt. Es gehörte zu jener Zeit Johann Voß, der den bei der Hospitalstraße gelegenen „Oeconomischen Garten" bewirtschaftete. Der Gärtner vermietete einige

Räume als Wohnung an Studenten. Darunter Otto Graf von Bismarck (1815–1898). Der spätere Reichskanzler wohnte hier von Frühjahr bis Herbst 1833 während seiner Göttinger Studienzeit. Im Turm ist eine kleine Bismarck-Ausstellung eingerichtet. In einem weiteren Raum hat die Geschichtswerkstatt Göttingen e.V. ihr Büro. Sie besteht unabhängig vom Bismarckzimmer, beschäftigt sich mit anderen historischen Themen wie „Göttingen im Nationalsozialismus", und führt im Turm ausschließlich die Aufsicht durch. In der Nähe des Bismarckhäuschens ist noch eine der Linden zu bewundern, die in den Anfangsjahren am Wall gepflanzt worden waren. Ihr Alter wird auf rund 250 Jahre geschätzt.

Wall/Bürgerstraße 27 (zwischen Nikolai- und Angerstraße) • Besichtigungen im Rahmen von Stadtführungen nach Voranmeldung der Tourist-Information Göttingen (Altes Rathaus) • Tel.: 0551 4998012 • www.goettingen-tourismus.de
Geschichtswerkstatt Göttingen e.V. • Tel.: 0551 485844 • www.geschichtswerkstatt-goettingen.de • Bürozeiten: Di. 10–13 Uhr, Do. 15–17 Uhr •

8 ODILIENMÜHLE S. 68

Die kleine Wassermühle am Leinekanal wurde 1305 in einem Schreiben von Herzog Albrecht dem Feisten erstmals urkundlich erwähnt. Errichten ließ man sie vermutlich bereits im 12. Jh. Außerhalb der alten Stadtmauern liegend, konnte sie erst durch den Bau der Wallbefestigung ab 1541 in die städtischen Befestigungsanlagen einbezogen werden und fortan die Versorgung der Bevölkerung auch in Kriegszeiten gewährleisten. Das zugehörige Fachwerkgebäu-

Malerisch: die Odilienmühle am Leinekanal

Im Haus des Jungen Theaters hat auch das KAZ sein Domizil

de stammt aus dem Jahr 1766, die Technik aus dem 19. Jh. Der heutige Eigentümer ließ die Odilienmühle 2005 bis 2006 mit Unterstützung der Stadt restaurieren. Dabei wurde auch das Mühlrad in Gang gebracht, das sich seither wieder beständig dreht. Genießen kann man diese Idylle in der warmen Jahreszeit im Biergarten des Restaurants „Sausalitos", das sich in dem Mühlengebäude befindet. Ohnehin beginnt hier ein besonders schönes Stück Göttingen mit mittelalterlichem Flair. Entlang der angrenzenden Angerstraße/Hospitalstraße gibt es einige weitere nette Bars, Kneipen und einen original bayerischen Biergarten (Düstere Straße 20 a).

Stadtwall zwischen Angerstraße und Hospitalstraße • Kulinarisches: Gastronomie S. 119 •

9 JUNGES THEATER S. 68

Ein Muss für echte Theaterfreunde ist die Adresse Hospitalstraße 6. Dem Jungen Theater gelang es, zu einer kulturellen Größe aufzusteigen und dennoch seiner Linie als alternative Bühne treu zu bleiben. Im Jahr 1957 als innovatives Zimmertheater gegründet, reagierte die Öffentlichkeit mit skeptisch gehobener Augenbraue auf das Studenten-Ensemble, das vor 44 Gästen Goethes „Urfaust" spielte. Die regionale Presse warf die Frage auf, ob diese Bühne nicht eher ein Tummelplatz für Dilettantismus sei. Bereits im Folgejahr wurden die damaligen Theaterräume in der Weender Straße 11 gekündigt. Es folgte eine Odyssee durch verschiedene Räumlichkeiten; mit Inszenierungen wie Brechts „Dreigroschenoper" erntete das Junge Theater Lorbeeren, die zunehmend auch die überregionale Presse verteilte. Um die Jahrtausendwende trifft ein Richtungswechsel mit vielen Uraufführungen junger Popliteraten den Nerv der Zeit. Seit seiner Neugründung im Jahr 2004 bietet das „JT" als kommunal gefördertes Privattheater mit festem Ensemble einen facettenreichen Spielplan. Zum Programm gehören kulturelle Bildungsarbeit sowie in Clubs organisiertes Kinder- und Jugendtheater. Unter der Intendanz von Andreas Döring kommen zeitgemäße Themen auch in klassischen Stoffen auf die Bühne. Eine Mischung, die jungen Zuschauern gefällt, aber auch ganz vielen, die schon älter sind.

Hospitalstraße 6 • Tel.: 0551 495015 • www.junges-theater.de • Öffnungszeiten Kasse: Di.–Fr. 11–14 Uhr, Fr./Sa. 17–20 Uhr sowie jeweils eine Stunde vor Vorstellungsbeginn •

10 KULTURZENTRUM KAZ

S. 68

Im selben Haus wie das Junge Theater ist das Kulturzentrum KAZ (Kommunikations- und Aktionszentrum) untergebracht. Hier gibt es das ganze Jahr über Kultur zum Ansehen und Mitmachen. In Kursen, Workshops oder offenen Gruppen wird u. a. getanzt, jongliert, getöpfert, gesungen und getrommelt. Andere kommen hierher, um Literatur zu diskutieren oder politisch zu arbeiten.

Hospitalstraße 6 • Tel.: 0551 53062 • www.kaz-goettingen.de •

11 WOCHENMARKTPLATZ

S. 68

Der große Platz neben dem Jungen Theater wird wegen des zu-

Der Wochenmarktplatz ist ein Ort für viele Gelegenheiten

Denkmal für einen Ehrenbürger der Stadt

gehörigen Kulturzentrums von Göttingern auch „KAZ-Platz" genannt. Er lohnt wegen der Cafés, Bars und Restaurants rundherum, die an warmen Tagen ihre Tische und Stühle draußen aufbauen. Außerdem ist hier regelmäßig etwas los – vom Wochenmarkt bis hin zum kollektiven Fußballgucken bei großen Länderspielen. Im Sommer gibt es fast monatlich an einzelnen Sonntagen Flohmärkte.

Hospitalstraße • www.wochenmarkt-goettingen.de • Di./Do. 8–13.30 Uhr, Sa. 8–14 Uhr • Flohmärkte: www.hanke-flohmarkt.de • www.flohmarkt-goettingen.de

12 WÖHLER-DENKMAL S. 68

An der Hospitalstraße befindet sich ein kleinerer Platz, der wie das Denkmal in seiner Mitte Friedrich Wöhler (1800–1882) gewidmet ist. Der Wissenschaftler und Chemiker lebte, forschte und lehrte von 1836 bis zu seinem Tod in Göttingen. 1857 wurde er zum Ehrenbürger der Stadt ernannt. Als Pionier der organischen Chemie gilt er u.a. aufgrund seiner Entwicklung der Harnstoffsynthese: Erstmals konnte ein Stoff, der bisher nur von lebenden Organismen bekannt war (Harnstoff), künstlich aus lebloser Materie erzeugt werden (Ammoniumcyanat). Das Straßenpflaster vor dem Bronzestandbild (1890) zeigt mit dunkleren Steinen die Strukturformel des Harnstoffs. In der Nähe befindet sich das historische Chemische Laboratorium, Wöhlers langjährige Forschungs- und Wirkungsstätte.

Hospitalstraße/Wöhlerplatz

13 TURMSTRASSE S. 68

In die wohl mittelalterlichste Ecke Göttingens entführt diese kleine Straße, die parallel zur Hospitalstraße verläuft. Hier steht noch ein Stück der Stadtmauer, die Göttingen begrenzte, bevor der äußere Ring der Wallanlage errichtet wurde. Dieser früheste Kern der Stadt umfasste den Bereich zwischen Paulinerstraße, Papendiek, Johannisstraße und Marktplatz mit Johanniskirche und Rathaus als Zentrum, etwas später auch die Siedlung um das südlich angrenzende Nikolaiviertel und das nördliche Jacobiviertel, jeweils mit zugehöriger Kirche. Hier lebten seit etwa 1180 vor allem zugewanderte Tuchmacher. Es gilt als gesichert, dass die Stadtmauer bereits vor 1250 bestand. Zu sehen ist außerdem der letzte erhaltene Wachturm. Seinerzeit gehörten fünfzehn dieser Türme zur Stadtbefestigung. Dazu die mit Kopfstein gepflasterte Straße – man würde sich nicht wundern, wenn im nächsten Moment einige Ritter zu Pferd um die Ecke bögen.

14 ST. MICHAEL S. 68

Die einzige katholische Kirche innerhalb des Stadtwalls wurde zwischen 1787 und 1789 errichtet. Der neobarocke Turm entstand rund hundert Jahre später, zuvor befand sich an seiner Stelle ein schlichtes Holztürmchen mit Glocke. St. Michael gehört zu den Gotteshäusern, die vom Vierkirchenblick (S. 30) am Kornmarkt aus zu sehen sind.

Katholische Kirchengemeinde St. Michael Göttingen • Turmstraße 6 • Gottesdienste: www.katholische-kirche-goettingen.de •

15 ST. MARIEN S. 68

Mit St. Marien besitzt Göttingen noch eine weitere evangelische Innenstadtkirche. Sie befindet sich in der Groner-Tor-Straße direkt am

Gotteshaus im gotischen Baustil: die St.-Marien-Kirche

rmstraße

Leinekanal. Die dreischiffige gotische Hallenkirche beherbergt die Reste des Flügelaltars von Berthold Kastrop (1524). Das alte Tor zur Neustadt bildet die Basis des Glockenturms (14. Jh.). In dem Nebengebäude ist die Kommende untergebracht, ein 1318 errichteter Wirtschaftshof des Deutschritterordens.

Ev.-luth. Kirchengemeinde St. Marien • Groner-Tor-Straße/Neustadt 21 • www.kirchenkreis-goettingen.de • Gottesdienste: So. 10 Uhr •

16 ST. NIKOLAI S. 68

Auf einem hübschen Platz nahe der belebten Groner Straße steht die St.-Nikolai-Kirche. Das in mehreren Epochen gewachsene Bauwerk ist seit 1822 die Universitätskirche der Georgia Augusta. Bereits 1271 wird eine neue Glocke für die Kirche St. Nikolai erwähnt, mit dem Bau des jetzigen Kirchengebäudes begann man Ende des 13. Jh.s. Dabei blieben die romanischen Türme des Vorgängerbaus bestehen, neu hinzu kam der gotische, dreischiffige Hallenbau mit dem polygonalen Chor. Um 1350 wurde der Altar gestiftet, 1356 ein erster Pfarrer genannt. Von der Innenausstattung der Kirche sind aus dieser Zeit noch die Masken und Figuren in den Gewölbeschlusssteinen erhalten.

Nikolaikirchhof 9 • Universitätsgottesdienste: Mitte Okt.–Mitte Juli So. 11.30 Uhr •

17 SYNAGOGEN-MAHNMAL S. 68

Am Groner Tor setzt sich der Stadtwall fort. Er begleitet die Berliner Straße, führt am Univiertel vorbei und schwenkt schließlich nach Süden, wo er vom Theaterplatz und St. Albani unterbrochen wird. Noch vor der Universität liegt rechter Hand ein Platz, an dem sich einst eine Synagoge befand (an der Gabelung Untere/Obere Maschstraße). Sie wurde im Jahr 1938 niedergebrannt. Die letzten etwa 140 Mitglieder der vor 1933 über 400 Personen zählenden jüdischen Gemeinde wurden 1942 aus den fünf Göttinger Judenhäusern in die Vernichtungslager deportiert, darunter auch der erst dreijährige Denni Junger. Am Standort der ehemaligen Synagoge mahnt eine Plastik aus Bronze und Stahl (1973) von Corrado Cagli gegen das Vergessen. Zum Gedenken an die Opfer des Holocaust wurden 1995 im unteren Teil fünf Bronzetafeln angebracht. Sie tragen die Namen der Opfer aus Stadt und Landkreis Göttingen.

Am Platz der ehemaligen Synagoge, Untere/Obere Maschstraße

◀ Die Turmstraße entführt ins Mittelalter

DAS UNIVIERTEL

Ein Großteil der Stadtfläche Göttingens gehört der Georg-August-Universität, ihren Instituten und vernetzten Forschungseinrichtungen. Viele Einrichtungen wie das Universitätsklinikum, Forschungsinstitute und Sammlungen verteilen sich im gesamten Stadtbereich. Zentrum der Hochschule ist das zweigeteilte Campusgelände, das sich von der nördlichen Innenstadt bis in den Ortsteil Weende erstreckt. Einige universitäre Einrichtungen stehen auch Gästen offen. Kinder wie Erwachsene haben hier die Möglichkeit zu erleben, wie spannend und allgegenwärtig die Wissenschaft ist.

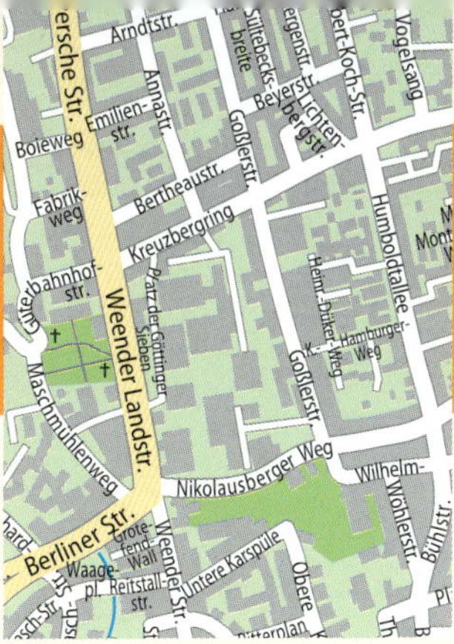

siehe große Karte S. 84/85

SEHENSWERTES

Georg-August-Universität Die „Georgia Augusta" wurde bereits 1737 gegründet. S. 86 1

Platz der Göttinger Sieben Name und Denkmal stehen für sieben mutige Göttinger Professoren. S. 87 2

Theater im OP Dramen, Komödien, Poetry-Slams, andere Mitmach-Aktionen u. v. m. im ehemaligen Operationssaal. S. 89 5

Denkmal der Göttinger Sieben

Kunstsammlung im Auditorium Gemälde, Zeichnungen, Grafiken, Skulpturen und Werke von Videokünstlern aus aller Welt. S. 89 6

Alter Botanischer Garten Botanisches Kleinod mit historischen Gewächshäusern und schönen Außenanlagen. S. 92 8

GASTRONOMIE

Café Botanik Café im restaurierten Fachwerkhaus mit lauschigem Außenbereich. S. 120 8

ÜBERNACHTUNG

Best Western Hotel am Papenberg 4-Sterne-Hotel mit 78 Zimmern, drei davon sind komplett barrierefrei. S. 129 1

KULTUR UND FREIZEIT

RoXx-Kletterzentrum Rund 400 Quadratmeter Kletterfläche als Innen- und Außenanlage. S. 137 38

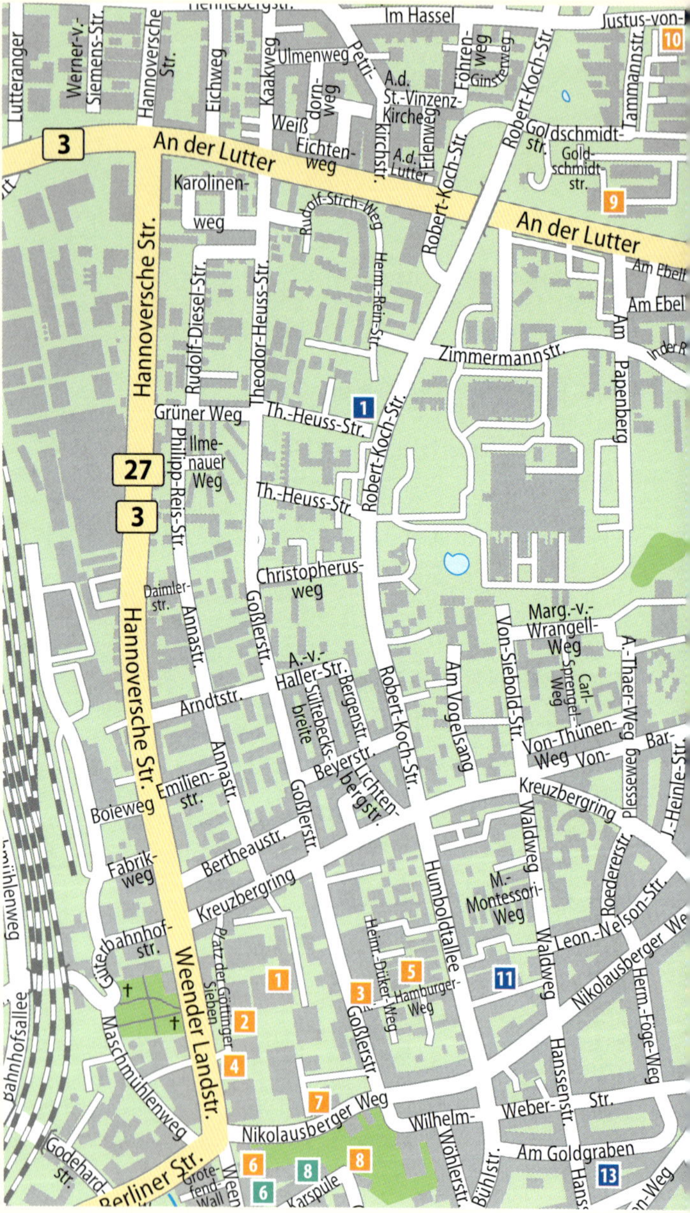
Im Hassel
Justus-von-
10
Lutteranger
Werner-v.-Siemens-Str.
Hannoversche Str.
Eichweg
Kaakweg
Ulmenweg
Petri-kirchstr.
A.d. St.-Vinzenz-Kirche
Föhrenweg
Ginsterweg
Robert-Koch-Str.
Tammannstr.
Weißdornweg
Fichtenweg
A.d. Lutter
Erlenweg
Goldschmidtstr.
Goldschmidtstr.
9
3
An der Lutter
Karolinenweg
Rudolf-Stich-Weg
An der Lutter
Am Ebell
Am Ebell
Hannoversche Str.
Rudolf-Diesel-Str.
Theodor-Heuss-Str.
Herm.-Rein-Str.
Zimmermannstr.
In der R
Am Papenberg
Grüner Weg
Th.-Heuss-Str.
1
Ilmenauer Weg
Philipp-Reis-Str.
27
3
Th.-Heuss-Str.
Christopherusweg
Daimlerstr.
Hannoversche Str.
Annastr.
Goßlerstr.
Marg.-v.-Wrangell-Weg
Carl-Sprengel-Weg
A.-Thaer-Weg
Von-Siebold-Str.
Am Vogelsang
A.-v.-Haller-Str.
Sültebecks-breite
Bergenstr.
Robert-Koch-Str.
Arndtstr.
Annastr.
Beyerstr.
Lichtenbergstr.
Von-Thünen-Weg
Von-Bar-
Plesseweg
J.-Heinle-Str.
Boieweg
Emilienstr.
Goßlerstr.
Kreuzbergring
Waldweg
Roedererstr.
Fabrikweg
Bertheaustr.
Kreuzbergring
Humboldtallee
M.-Montessori-Weg
Leon.-Nelson-Str.
Nikolausberger Weg
Güterbahnhofstr.
Platz der Göttinger Sieben
Heinr.-Düker-Weg
Hamburger Weg
Waldweg
Herm.-Föge-Weg
1
3
5
11
2
Weender Landstr.
Goßlerstr.
Hanssenstr.
Maschmühlenweg
Bahnhofsallee
4
7
Nikolausberger Weg
Wilhelm-Weber-Str.
Wöhlerstr.
Am Goldgraben
Godehardstr.
Berliner Str.
Grotefend-Wall
6
6
8
8
Karspüle
Bühlstr.
13

SEHENSWERTES

1 Georg-August-Universität S. 86
2 Platz der Göttinger Sieben S. 87
3 Mensa am Turm S. 89
4 Zentralbibliothek S. 89
5 Theater im OP S. 89
6 Auditorium Maximum/ Kunstsammlung S. 89
7 Sammlung der Gipsabgüsse antiker Skulpturen S. 91
8 Alter Botanischer Garten S. 92
9 Geowissenschaftliche Sammlung und Geopark S. 93
10 XLab S. 93

GASTRONOMIE

6 Ali Baba S. 120
8 Café Botanik S. 120

ÜBERNACHTUNG

1 Best Western Hotel am Papenberg S. 129
11 Gästehaus Göttingen S. 130
13 Ihr Zuhause in Göttingen S. 130

KULTUR UND FREIZEIT

35 RoXx-Kletterzentrum S. 137

1 GEORG-AUGUST-UNIVERSITÄT

S. 84

Die Gründung der „Georgia Augusta" im Jahr 1737 beeinflusste Göttingens Entwicklung wie kein anderes Ereignis der Neuzeit. Namensgeber war der damalige Landesherr König Georg II. August von England und Kurfürst von Hannover. Die Planung und Umsetzung indes erfolgte durch den hannoverschen Staatsminister Gerlach Adolph Freiherr von Münchhausen (1688–1770). Sein Konzept verfolgte eine Hochschule neuen Typs, die sich an den Zielen der Aufklärung orientierte. Pragmatismus und Realitätssinn prägten den Stil der Georg-August-Universität. So wurde die Wissenschaft von der theologischen Zensur befreit, während sich der Stellenwert der akademischen Lehre erhöhte – eine hervorragende Voraussetzung für die Entwicklung der modernen Naturwissenschaften im 19. Jh., die maßgeblich Göttinger Gelehrte wie Carl-Friedrich Gauß, Wilhelm Weber und Friedrich Wöhler prägten.

Binnen kurzer Zeit zog die Universität zahlreiche Studenten aus dem In- und Ausland an. So trug sich 1741 ein gewisser Andrea, Sohn des Habaschi, aus dem Libanon in arabischer Schrift in ein Studentenstammbuch ein. Zu der Zeit befand sich das Univiertel noch im Innenstadtbereich nordwestlich der Johanniskirche (S. 28). Nach dem Zweiten Weltkrieg (1945) nahm die Georgia Augusta als erste deutsche Universität den Lehrbetrieb wieder auf, mit einer Rekordzahl von rund 5.000 Studenten. In den folgenden Jahrzehnten stieg die Zahl der Neu-Immatrikulierten abermals stark an. Die Institutskapazitäten wurden erweitert, die heutigen modernen Campus-Einheiten im Innenstadt- und Nordbereich Göttingens entstanden, das Großklinikum wurde eingerichtet. Aus den vier Gründungsfakultäten (Theologie, Rechtswissenschaften, Medizin und Philosophie) entwickelten sich dreizehn Fakultäten mit inzwischen mehr als 130 Studienangeboten. Im Sommersemester

UNIVERSITÄTSSTADT GÖTTINGEN

Das Göttinger Univiertel gliedert sich in den Hauptcampus zwischen Nikolausberger Weg und Kreuzbergring sowie den zum Stadtteil Weende gehörenden Nordcampus, auf dem Einrichtungen der Natur- und Agrarwissenschaften angesiedelt sind. Dazwischen befindet sich ein großes Areal mit dem Hochschulsport samt eigenem Golfplatz. Weitere Institute und Sammlungen verteilen sich über das gesamte Stadtgebiet. Hinzu kommt ein Netzwerk außeruniversitärer Forschungseinrichtungen wie die Akademie der Wissenschaften zu Göttingen, die Max-Planck-Institute, das Deutsche Primatenzentrum und das Deutsche Zentrum für Luft- und Raumfahrt.

Vor dem Hauptgebäude der Georg-August-Universität

2017 waren 29.893 Studierende eingeschrieben.

Wilhelmsplatz 1 • Tel.: 0551 39-0 • www.uni-goettingen.de •

2 PLATZ DER GÖTTINGER SIEBEN S. 84

Der zentrale Platz des Campus ist benannt nach einem Ereignis, das im 19. Jh. einen herben Verlust für die Universität bedeutete: Im Jahr 1837 musste die Georgia Augusta sieben Professoren entlassen, die teils auch des Landes verwiesen wurden. Die „Göttinger Sieben" hatten gegen die Aufhebung des hannoverschen Staatsgrundgesetzes durch König Ernst August, Herzog von Cumberland, protestiert. Ihr Mut, ihre Standhaftigkeit und Zivilcourage sollen zur Revolution von 1848 beigetragen haben.

Zu den Göttinger Sieben gehörten der Jurist Wilhelm Eduard Albrecht, der Historiker Friedrich Christoph Dahlmann, der Theologe und Orientalist Heinrich Ewald, der Literaturhistoriker Georg Gottfried Gervinus, der Physiker Wilhelm Eduard Weber sowie die Brüder Jacob und Wilhelm Grimm. An das Ereignis erinnert eine Skulptur auf dem Platz, die der Literatur-Nobelpreisträger und bildende Künstler Günter Grass schuf (2011). Das 1,70 Meter hohe Denkmal besteht aus rund fünf Zentimeter breiten Stahlbändern, die den Buchstaben „G" sowie die Ziffer „7" darstellen. Die Inschrift auf der Bronzeplatte gibt den Wortlaut der Protestschrift wieder. Grass stiftete die Skulptur zusammen mit seinem Göttinger Verleger Gerhard Steidl.

3 MENSA AM TURM S. 84

An der Goßlerstraße fällt ein hoher, achteckiger Turm auf, sandsteinfarben mit dunklerer Verzierung. Er ist so etwas wie das Wahrzeichen des Campus und Orientierungspunkt für Heißhungrige: Zu seinen Füßen befindet sich die „Mensa am Turm" – eingerichtet im ehemaligen Maschinen- und Kesselhaus der Vereinigten Kliniken (1891). Bei dem „Turm" handelt es sich um den 41 Meter hohen Schornstein des Gebäudes. Die 1995 eröffnete Turmmensa wurde vom Magazin „Unicum" als Mensa des Jahres 2008 ausgezeichnet. Zur Auswahl stehen täglich drei „Turm-Menüs" sowie ein veganes Menü. Auch Gäste können in der Mensa speisen.

Goßlerstraße 12 b • Speiseplan und Preise: www.studentenwerk-goettingen.de •

4 ZENTRAL-BIBLIOTHEK S. 84

Der große Neubau am Südende des Platzes der Göttinger Sieben gehört der Zentralbibliothek (1993): ein fünfarmiges Gebäude mit zylinderförmigem Eingangsbereich. Rund 5.500 Besucherinnen und Besucher nutzen das Angebot täglich. Zusammen mit acht anderen Standorten in Göttingen bildet es die Niedersächsische Staats- und Universitätsbibliothek (SUB). Dazu gehört auch die historische Bibliothek in der Paulinerkirche (S. 46). Mit einem Bestand von mehr als sechs Millionen Medieneinheiten zählt die SUB Göttingen zu den größten Bibliotheken Deutschlands.

Platz der Göttinger Sieben 1 • Tel.: 0551 3922580 • www.sub.uni-goettingen.de • Mo.–Fr. 7–1 Uhr, Sa./So. 9–22 Uhr •

◄ Mensa am Turm

5 THEATER IM OP S. 84

ENTDECKER-TIPP

Der ehemalige Operationssaal auf dem Campus wurde zur Kulisse des wohl bundesweit ungewöhnlichsten Studententheaters. Seine stufenartig angeordneten Stuhlreihen wandelten sich in Ränge, die Mitte ist Teil der Bühne. Das Theater im OP (kurz „ThOP") bietet Dramen, Komödien, Poetry-Slams, auch andere Mitmachaktionen wie einen Rhetorik- oder Science-Slam. Absolut lohnenswert!

Käte-Hamburger-Weg 3 • Tel.: 0551 3922177 • www.thop.uni-goettingen.de • Büro: Mo.–Fr. 10–12 Uhr •

6 AUDITORIUM MAXIMUM/ KUNSTSAMMLUNG S. 84

Sehenswert ist das 1862 bis 1865 erbaute Hörsaalgebäude an der Weender Straße. Als Statuen auf den vier Halbsäulen des Eingangsportals grüßen große Persönlichkeiten der Universalgeschichte. Auf der linken Seite Gerlach Adolph Freiherr von Münchhausen, erster Kurator und Förderer

der Georgia Augusta, sowie Universitätsgründer Georg II., König von Großbritannien und Irland und Kurfürst von Hannover. Herzog Julius von Braunschweig-Wolfenbüttel gleich daneben gründete 1576 in Helmstedt die erste Universität der Welfen. Die Statue ganz rechts zeigt den Philosophen Wilhelm Gottfried Leibniz als einen der bedeutendsten Gelehrten seiner Zeit und Vordenker der Aufklärung.

Im Innern des Auditoriums befindet sich die Kunstsammlung der Universität. Ihr Bestand umfasst rund 300 Gemälde, 2.500 Zeichnungen, 15.000 Blatt Druckgrafik und 100 Skulpturen, außerdem 150 Werke von Videokünstlern aus aller Welt. Zu den größten Schätzen der Sammlung zählen Arbeiten von Dürer, Botticelli, Rembrandt und Goya sowie Werke der Moderne, u.a. von Nolde, Beckmann und Modersohn-Becker. Weil die Sammlung auch der Öffentlichkeit zugänglich gemacht wurde, ist die Region um ein Kunstmuseum reicher.

Gemälde- und Skulpturensammlung (Auditorium) • Weender Landstraße 2 • Tel.: 0551 39-5092/-5093/-5098 • www.uni-goettingen.de/de/304930.html • So. 10–16 Uhr •

◀ Das Auditorium Maximum

7 SAMMLUNG DER GIPSABGÜSSE ANTIKER SKULPTUREN S. 84

Wer einmal Skulpturen vom Zeustempel in Olympia oder die Statue der Siegesgöttin Nike sehen möchte, sollte sich in den Nikolausberger Weg begeben. Auch wenn es „nur" Nachbildungen sind, beeindrucken die Exponate, die das Archäologische Institut dort in seiner Sammlung präsentiert. Rund 2.000 maßgenaue und plastisch getreue Abgüsse nehmen den Betrachter mit auf eine Reise durch die Epochen der griechischen und römischen Bildhauerkunst. Unter einem Dach lassen sich Werke betrachten und miteinander vergleichen, deren Originale sich auf mehr als 150 Museen weltweit verteilen. Im Römersaal ist obendrein die Nachbildung des Fußbodenmosaiks aus der byzantinischen Kirche von Madaba (Jordanien) zu bewundern, auf dem eine Landkarte Palästinas dargestellt ist.

Als eine der ältesten universitären Abgusssammlungen der Welt geht der Fundus auf Christian Gottlob Heyne (1729–1812) zurück. Der Gelehrte hielt ab 1767 regelmäßig seine Vorlesung über das „Studium der Antike", womit er die Archäologie als akademische Disziplin begründete. Zur Veranschaulichung seiner Vorlesung erwarb er Gipsabgüsse, die in der Universitätsbibliothek aufgestellt wurden. Seit 1912 befindet sich die Sammlung im Seminargebäude am Nikolaus-

Die südamerikanische Riesen-Seerose im Alten Botanischen Garten

berger Weg. Der Öffentlichkeit zugänglich ist dort auch die Originalsammlung des Archäologische Instituts u. a. mit Marmor- und Bronzeplastiken, Vasen, Terrakotten und Gläsern aus verschiedenen Kulturkreisen.

Archäologisches Institut • Nikolausberger Weg 15 • Tel.: 0551 397502 • www.uni-goettingen.de/de/38812.html • So. 10–13 Uhr, nach Voranmeldung auch zu anderen Zeiten • Interaktiver Rundgang durch die Räume der Göttinger Abgusssammlung auf www.viamus.de •

8 ALTER BOTANISCHER GARTEN S. 84

Das botanische Kleinod liegt am südlichen Rand des Campusgeländes, zu beiden Seiten des Stadtwalls. Mit seinen historischen Gewächshäusern, altem Baumbestand und Außenanlagen ist der Alte Botanische Garten eine Bereicherung für Naturwissenschaftler, Biologiestudenten und Erholungssuchende. Albrecht von Haller gründete ihn 1736 als „hortus medicus" (Heilpflanzengarten). Die heutigen Sammlungen beherbergen eine große Vielfalt teils seltener Pflanzen. Zugleich bilden sie ein innerstädtisches Refugium für Vögel, Kleinsäuger, Fledermäuse, Amphibien und zahlreiche Insekten. Am Haupteingang bietet das Gartencafé „Café Botanik" ein lauschiges Plätzchen abseits des City-Trubels mit Getränken und Eis und kleineren Speisen.

Untere Karspüle 2 • Eingänge: Weender Straße (neben Auditorium), Wilhelm-Weber-Straße, Untere Karspüle 1 und „Café Botanik" (Untere Karspüle) • Tel.: 0551 39-5755/-5753 • www.altgart.uni-goettingen.de • Freiland: Mo.–So. 8–18.30 Uhr, Gewächshäuser: Mo.–So. 8–15 Uhr • Okt.–März Sa./So. 8–15 Uhr • Führungen nach Vereinbarung •

9 GEOWISSENSCHAFTLICHE SAMMLUNG UND GEOPARK

S. 84

Eine Reise in die Erdgeschichte wartet an der Goldschmidtstraße (Nordcampus) auf alle Interessierten. Auf gut 2.000 Quadratmetern Fläche sind mehrere Dauerausstellungen zu den Bereichen Geobiologie, Paläontologie und Mineralogie untergebracht. Die Wurzeln der Sammlungen gehen bis zum ersten Naturalienkabinett in die Zeit der Universitätsgründung (1737) zurück.

Rund um die Gebäude des Geowissenschaftlichen Zentrums präsentiert der Göttinger Geopark große geologische Objekte und künstlerische Modelle sowie Anpflanzungen aus der erdgeschichtlichen Vergangenheit. In anschaulichen Beispielen werden die Entwicklung und Dynamik der Erdkruste, die globalen Kreisläufe und der Einfluss des Menschen begreifbar. Zu sehen sind u. a. Stubben von Mammutbäumen aus der Tertiärzeit (vor 35 Mio. Jahren) und eine Tafelrunde des Königs Artus aus polierten Gesteinsplatten der tieferen Erdkruste als Denkmal.

Museum des Geowissenschaftlichen Zentrums und Geopark • Goldschmidtstraße 3–5 • Tel.: 0551 397998 • www.geomuseum.uni-goettingen.de • Mo.–Fr. 9–17, So. 10–16 Uhr

10 XLAB

S. 84

Das futuristische Gebäude auf dem Nordcampus, mit Stockwerken in Rot, Gelb, Grün und Blau, ist das größte deutsche Schülerlabor. In den vier Etagen des „XLab, Göttinger Experimentallabor für junge Leute e.V." können Schüler, Lehrer und Studenten unter professioneller Anleitung selbstständig experimentieren.

Justus-von-Liebig-Weg 8 • Tel.: 0551 3912872 • www.xlab-goettingen.de

Prähistorisches in der Geowissenschaftlichen Sammlung

AUSSERHALB DER CITY

Schon nahe der Innenstadt wird es herrlich grün in Göttingen. Parkanlagen und Waldgebiete, zwei Seen und das Leinetal umgeben das Zentrum, sodass es immer nur wenige Schritte bis zur Erholung sind. Dazu bei tragen großzügige Freizeitbäder und Europas einzige Pfannensaline. In Geismar, Grone und Weende, als ehemalige Dörfer an die Stadt herangewachsen, ist noch ländlicher Charme zu spüren. Auch einige erwähnenswerte Einrichtungen liegen außerhalb des Stadtwalls.

SEHENSWERTES

Schillerwiese Die beliebte Grünanlage bietet viel Platz und schöne Spielmöglichkeiten. S. 98 1

Bismarckturm Ein herrlicher Blick über Göttingen und historisch Interessantes. S. 100 5

Saline Luisenhall Salzgewinnung wie zu Kaisers Zeiten und Wellness im Badehaus. S. 103 11

Nobelrondell Das Denkmal erinnert an acht Göttinger Nobelpreisträger. S. 104 12

Zoologisches Museum Ein Highlight ist das Pottwal-Skelett. S. 105 14

GASTRONOMIE

Göttinger Biergarten am Kehr Ob nach der Wanderung oder beim Frühschoppen, hier schmecken Spezi und Bier. S. 119 1

ÜBERNACHTUNG

Hotel Novostar Das 4-Sterne-Business-Hotel bietet auch Specials für Familien und Paare. S. 129 3

Park Inn by Radisson Neueröffnung im Herbst 2013. Das modernisierte 4-Sterne-Hotel bietet auch Suiten, Appartements und ein barrierefreies Zimmer. S. 129 5

siehe große Karte S. 96/97

KULTUR UND FREIZEIT

Lokhalle Konzerte und andere Großveranstaltungen im Industriedenkmal. S. 135 19

Musa e.V. Kulturfabrik mit Programmkneipe. S. 135 20

Freibad Weende Ein besonders schönes Freibad am Stadtrand. S. 137 33

Nachwuchs im Wildgehege

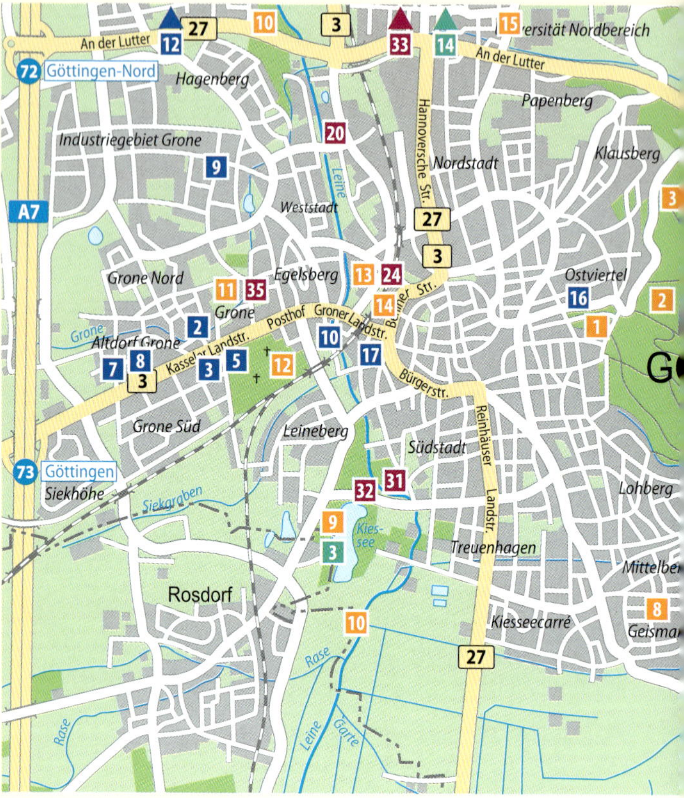

SEHENSWERTES

1 Schillerwiese S. 98
2 Kleiner Reinsbrunnen S. 98
3 Wiechert'sche Erdbebenwarte S. 99
4 Eulenturm S. 100
5 Bismarckturm S. 100
6 Wildgehege am Kehr S. 100
7 Kerstlingeröder Feld S. 102
8 Geismar S. 102
9 Naherholungsgebiet Kiessee S. 102
10 Leinetal S. 103
11 Saline Luisenhall S. 103
12 Nobelrondell S. 104
13 Lokhalle S. 104
14 Zoologisches Museum S. 105
15 Weende S. 105

GASTRONOMIE

1 Göttinger Biergarten am Kehr S. 119
4 Restaurant Knochenmühle S. 119
3 Restaurant und Café Haus am See S. 119
14 La Romantica S. 121

ÜBERNACHTUNG

- 2 Best Western Parkhotel Ropeter S. 129
- 3 Hotel Novostar S. 129
- 5 Park Inn by Radisson S. 129
- 7 Adesso Hotel Schweizer Hof S. 130
- 8 Hotel Rennschuh S. 130
- 9 Hotel zum Stresemann S. 130
- 10 Leinehotel Göttingen S. 130
- 12 Pension am Klosterpark S. 130
- 16 Jugendherberge Göttingen S. 131
- 17 Hostel37 S. 131

KULTUR UND FREIZEIT

- 20 Musa e.V. S. 135
- 24 Cinemaxx S. 136
- 31 Badeparadies Eiswiese S. 137
- 32 Freibad am Brauweg S. 137
- 33 Freibad Weende S. 137
- 35 Naturerlebnisbad Grone S. 137

1 SCHILLERWIESE S. 96

Schon nach einem kurzen Spaziergang erreicht man von der City aus die Schillerwiese, das wohl beliebteste Göttinger Erholungsareal. Mehr als 81.000 Quadratmeter Grünfläche und mächtige, alte Bäume bieten Platz für viele ausgebreitete Decken. An schönen Sommertagen dampfen mitgebrachte Grills, Fußbälle rollen und oft spielt irgendwo jemand Gitarre. Ein Kiosk mit einigen Cafétischen bietet Erfrischungen an, ein Stückchen weiter lädt eine lauschig gelegene Minigolf-Anlage zum Schlägerschwingen ein. Auf der gegenüberliegenden Parkseite befindet sich der große Kinderspielplatz „Kletterwald", und direkt dahinter kann man Holzschiffchen im Reinsgraben schwimmen lassen. Tipp für heiße Sommertage: Der klare Bach ist auch für eine Erfrischung gut! Ihren Namen erhielt die Grünanlage im Jahr 1905, als zum 100. Todestag von Friedrich Schiller eine Linde gepflanzt wurde.

Ein Blickfang im höher gelegenen Parkbereich ist der Jérôme-Pavillon (1810). Genau genommen hieß das kleine klassizistische Bauwerk früher so, als es noch in einem Garten vor dem Groner Tor stand. 1935 wurde es an seinen heutigen Platz befördert und dabei in Scharnhorst-Tempel umbenannt. Viele Göttinger finden aber den alten Namen schöner und wenden ihn weiterhin hemmungslos an.

Die Schillerwiese liegt im Ostviertel, einer der schönsten Wohngegenden Göttingens, zwischen Merkelstraße, Herzberger Landstraße und Hainholzweg. Mehrere Buslinien halten in diesen Straßen. Lohnender aber ist der Weg zu Fuß von der Innenstadt aus. Vom Cheltenhampark kommend, geht es ein Stück den Reinsgraben entlang, der hier über kleine Stromschnellen plätschert und Bergwaldgefühle vermittelt.

Schillerwiese • Stadtbus Linie 6 bis Dahlmannstraße, Linie 7 bis Merkelstraße oder Linie 9 bis Hainbundstraße • Parkmöglichkeiten am Hainholzweg

2 KLEINER REINSBRUNNEN S. 96

Wer mag, setzt seinen Spaziergang durch die Parklandschaft als ausgiebige Wanderung fort. In nördlicher Richtung steigt die Schillerwiese an und wächst mit dem Göttinger Stadtwald zusammen, abgegrenzt nur durch die Herzberger Landstraße. Über den Hainberg geht es auf verschiedenen Waldwegen immer steiler bergan bis hinauf zum Wildgehege am Kehr (S. 100). Unbedingt sollte man sich nach dem Überqueren der Straße zunächst links halten, um einen zauberhaften Platz aufzusuchen: Nach wenigen Minuten ist der Kleine Reinsbrunnen erreicht. Aus einer steinernen Grotte schaut eine Nixe hervor, in den Armen hält sie ein Kind, das sie dem Betrachter entgegenzustrecken scheint. Der Göttin-

Ein ganz besonderer Platz: der Kleine Reinsbrunnen

ger Bildhauer Friedrich Küsthardt schuf die Bronzeplastik im Jahr 1901. Die Nixe will das Kind seiner Mutter reichen, in Anlehnung an eine Sage, die mit dem Brunnen verwoben ist: Laut der Überlieferung konnte man im Quellwasser seine ungeborenen Geschwister sehen. Oft liegen Blumen oder andere Opfergaben an diesem Platz, hinterlassen von Menschen mit besonderen Wünschen.

Am Hainberg (Nähe Schillerwiese)

3 WIECHERT'SCHE ERDBEBENWARTE S. 96

Am Hainberg befindet sich auch ein wahrlich erschütternder Ort, die historische Erdbebenwarte mit einer restaurierten Astronomischen Hütte (1902). Sie beherbergt das sogenannte Passage-Instrument, mit dem der Geophysiker Emil Wiechert die Zeit anhand der Sterne bestimmen konnte. Ein Waldweg führt zum alten Erdbebenhaus mit einem mehr als hundert Jahre alten Seismografen. Im neuen Erdbebenhaus zeichnet ein moderner Seismograf die Erderschütterungen auf. Zur Warte gehören außerdem das „Gaußhaus" – hier experimentierten Carl Friedrich Gauß und Wilhelm Weber – und die „Samoa-Hütte". Der Name bezieht sich auf den Inselstaat in der Südsee, es befand sich dort eine Messstation der Göttinger Warte. Etwas abseits im Wald steht ein Gerüst mit einer am Boden liegenden, vier Tonnen schweren Stahlkugel. Mithilfe der sogenannten „Mintrop-Kugel" lassen sich künstliche Erdbeben erzeugen, indem sie hochgezogen wird, um aus 14 Metern Höhe auf die Erde zu plumpsen. Seinen Namen verdankt das gewichtige Stück Ludger Mintrop, dem Erfinder der Konstruktion.

Herzberger Landstraße 178 • www.erdbebenwarte.de • Besichtigung auf Anfrage: besichtigungen@erdbebenwarte.de

4 EULENTURM S. 96

Wer den Hainberg von der Schillerwiese aus geradeaus erwandert, findet mehrere Wege vor, die mehr oder weniger direkt hinauf zum Kehr führen. Unterwegs gibt es einige schöne Plätze zum Rasten und es bereitet Freude, sie zu entdecken. Diese Orte wurden bereits ab 1876 geschaffen, nachdem der damalige Oberbürgermeister Julius Philipp Georg Merkel den Göttinger Verschönerungsverein (GVV) gegründet hatte. Er trug dafür Sorge, dass im Göttinger Wald viele Bänke aufgestellt und Aussichtspunkte geschaffen wurden. Der erste davon war der Eulenturm, ein kleiner Rundturm mit einer schönen Aussichtsplattform. Seinerzeit konnte man von hier aus auf die Stadt und das Leinetal schauen. Über dem Eingang in Sandstein ausgehauen, grüßt eine Eule, der Vogel der griechischen Göttin Athene, als Sinnbild der Wissenschaft. An den ehemaligen Oberbürgermeister erinnert übrigens der „Merkel-Stein" am Fuß des Hainbergs. Er wurde von Ferdinand Hartzer entworfen und am 6. Mai 1897 eingeweiht.

Am Hainberg (Borheckstraße)

5 BISMARCKTURM S. 96

Auf der Höhe des Hainbergs angekommen, weisen Schilder zum Wahrzeichen des Göttinger Waldes. Der Bismarckturm wurde 1896 zu Ehren des Reichskanzlers Otto von Bismarck eingeweiht. Er besteht aus einem sechseckigen, 21 Meter hohen Hauptturm und einem angefügten Treppenturm, der ungefähr zehn Meter höher ist. Beide Türme krönt jeweils eine begehbare Zinnenplattform, die einen herrlichen Blick über Göttingen bietet. Bis zur obersten Plattform sind es 180 Stufen. Im zweiten Obergeschoss des Hauptturmes befindet sich eine Bismarck-Gedächtnishalle mit einer bronzenen Büste des Reichskanzlers, die Harro Magnussen schuf.

Im Kleperberg (Borheckstraße/Bismarckstraße) • Apr.–Okt. Sa./So. 11.30–18 Uhr

6 WILDGEHEGE AM KEHR S. 96

„Das Kehr" ist viel mehr als das schon für sich sehenswerte Wildgehege. Es ist der Göttinger Treffpunkt im Grünen schlechthin. Dies liegt ganz besonders am lauschigen Biergarten, der nach vorübergehender Schließung und einem Pächterwechsel nun wieder zum Verweilen einlädt. Bei Weißbier oder Kaffee kann man den Reitern auf dem vorgelagerten Springplatz zusehen. Ein drei Kilometer langer Rundweg führt um das Wildgehege, am Zaun hängen Automaten mit artgerechtem

▶ Wahrzeichen im Wald: der Bismarckturm

Tierfutter. Zu sehen sind Damwild und Schwarzwild, und am schönsten ist es, wenn die Bachen Nachwuchs haben und sich Frischlinge mit gestreiftem Fell in der Schlammlandschaft tummeln.

Im Hainberg (Borheckstraße) •

7 KERSTLINGERÖDER FELD S. 96

Hoch oben lichtet sich der Göttinger Wald und gibt eine naturgeschützte Ebene von besonderer Schönheit frei. Das Kerstlingeröder Feld ist eine Kulturlandschaft mit blühenden Wiesen, Obstalleen und Tümpeln, in der zahlreiche Schmetterlingsarten, Vögel und Insekten zu Hause sind. Es gedeihen Wacholder, wilder Thymian und seltene Pflanzen, besonders der Deutsche Enzian mit seinen lilafarbenen Blüten (Gentiana Germanica) sowie der hellblaue Gewöhnliche Fransenenzian (Gentianella ciliata). Mittendrin stößt man auf die Ruinen eines alten Gutshofes (1753).

8 GEISMAR S. 96

Der heute südlichste Stadtteil von Göttingen war einst ein eigenständiges Dorf. Geismar wurde erstmals im Jahr 1055 in einem Stiftungsbrief des Petersstifts zu Nörten urkundlich erwähnt. Am 4. Juli 1964 wurde die Gemeinde zusammen mit Grone, Nikolausberg und Weende in die Stadt Göttingen eingegliedert. Zwei Dinge gibt es, die sich in Geismar lohnen: zunächst das Museum am Thie. Es ist das einzige ausschließlich volkskundliche Museum der Region und besteht seit 1971. In lebensnahen Szenarien sind bäuerliches Haus- und Arbeitsgerät sowie dörfliche Handwerke des 18. und 19. Jh.s ausgestellt. Zum anderen ist Geismar der vermutlich einzige Ort mit einem Eierautomaten. Das skurrile Gerät steht in der Teichstraße (Ecke „Über dem Dorfe"), ist bereits seit 1967 in Betrieb und gehört der Familie Semmelroggen. Täglich gibt es hier zwischen 8 und 20 Uhr frische Eier in Kartons zu sechs oder zehn Stück.

Volkskundliches Museum am Thie • Am Geismar Thie 2 • Tel.: 0551 794944 • Do. 16–18.30 Uhr, 1./3. So. im Monat 10.30–12.30 Uhr und nach telefonischer Vereinbarung • Eintritt frei! •

9 NAHERHOLUNGSGEBIET KIESSEE S. 96

Man kann zwar nicht darin baden, doch rund um das stadtnahe Gewässer wird einiges geboten. Zunächst lohnt der leicht zu schaffende Spazierweg (ca. 2,5 km). Dabei kommt man auch am malerisch gelegenen Restaurant und Café „Haus am See" (S. 119) vorbei. Hier gibt es auch einen Ruder- und Tretbootverleih. Auf der gegenüberliegenden Seeseite befindet sich ein Spielplatz. Und noch ein Tipp: Etwas weiter südlich liegt ein Baggersee. Er gehört zum Vorort Rosdorf und ist zum Baden freigegeben.

Nahe dem Kiessee, der Straße Sandweg nur ein Stückchen Rich-

Das Leinetal bietet schönen Wander- und Radwege

tung Innenstadt folgend, wartet linker Hand eine Freizeitoase. Ein abzweigender Fußweg führt direkt dorthin, mit dem Auto nimmt man den Windausweg kurz dahinter. Im Sommer lockt das Freibad am Brauweg (S. 137) mit 10-Meter-Turm, weiten Liegewiesen und Open-Air-Kino. Ganzjährig geöffnet ist das benachbarte Badeparadies Eiswiese (S. 137) mit schönen Pool- und Saunalandschaften. Ein Teil des Wellnessbereiches ist in der historischen Walkemühle untergebracht.

Am Sandweg •

10 LEINETAL S. 96

Zwischen Kiessee und Brauweg fließt die Leine. Am Ufer führt ein Spazierweg entlang, der sich streckenweise auch zum Inlineskaten eignet. Begleitet wird er vom Leine-Heide-Radweg. Die insgesamt 406 Kilometer lange Fernstrecke führt von den Leinequellen im thüringischen Eichsfeld bis nach Hamburg.

www.leineheideradweg.de

11 SALINE LUISENHALL S. 96

ENTDECKER-TIPP

Eine kleine Attraktion in Grone. In Europas einziger Pfannensaline wird noch Salz produziert wie zu Kaisers Zeiten. Das Verfahren ist rund tausend Jahre alt. Konzentrierte Sole aus 450 Metern Tiefe wird in großen, flachen Pfannen erhitzt, bis das Salz kristallisiert und abgeschöpft werden kann. Eine Besichtigung der Saline ist im Rahmen der öffentlichen Themenführung „Sole, Salz und Siedepfannen" der Tourist-Information Göttingen möglich. Im angeschlossenen Badehaus dient ein Teil der Natursole dem Wohlbefinden. Dazu gehören auch ein Natursoledampfbad und weitere Anwendungen wie Wannenbad,

Historische Salzgewinnung in der Saline Luisenhall

Sonnendusche, Inhalationen und Massagen.

Greitweg 48 • Tel.: 0551 9972840 • www.luisenhall.de • Führung: jeden 3. Freitag im Monat 14 Uhr • Infos und Buchung unter: www.goettingen-tourismus.de

12 NOBELRONDELL S. 96

ENTDECKER-TIPP

Göttingen prägte die Lebensläufe von 43 Nobelpreisträgern. Zwölf von ihnen erhielten die Auszeichnungen speziell für Arbeiten, die in der Universitätsstadt entstanden. Auf dem Stadtfriedhof liegen acht der berühmten Wissenschaftler begraben. Ihnen zu Ehren wurde das Nobelrondell geschaffen. Es ehrt Otto Wallach (Nobelpreis für Chemie 1910), Max Planck (Nobelpreis für Physik 1918), Walther Nernst (Nobelpreis für Chemie 1920), Richard Zsigmondy (Nobelpreis für Chemie 1925), Adolf Windaus (Nobelpreis für Chemie 1928), Max von Laue (Nobelpreis für Physik 1914), Otto Hahn (Nobelpreis für Chemie 1944) und Max Born (Nobelpreis für Physik 1954). Eingerichtet wurde das Nobelrondell im Jahr 2006 anlässlich des 125-jährigen Bestehens des Friedhofes.

Stadtfriedhof (Parkplatz Jheringstraße) • Buslinien 3, 4 und 5 bis Haltestelle „Stadtfriedhof". Der Weg zum Rondell ist ausgeschildert.

13 LOKHALLE S. 96

Das Industriedenkmal (1920) am Bahnhof verwandelte sich 1998 in eine Großveranstaltungshalle mit modernster Ausstattung. Geboten werden unterschiedliche Events wie Konzerte, Shows, Sportturniere und Messen. Im Winter gibt es eine Indoor-Eisbahn. Auch Göttingens Multiplexkino befindet sich in dem Gebäude.

Das Nobel-Rondell auf dem Stadtfriedhof

Bahnhofsallee 1 b • Tel.: 0551 547430 • www.lokhalle.de •

14 ZOOLOGISCHES MUSEUM

S. 96

Das zum Institut für Zoologie, Anthropologie und Entwicklungsbiologie der Universität Göttingen gehörende Museum präsentiert weit über 100.000 präparierte Tiere in Gläsern, Schachteln und Kästen. Viele davon belegen neu entdeckte, seltene oder bereits ausgestorbene Arten. Die Exponate wurden im 18., 19. und 20. Jh. aus vielen Teilen der Erde zusammengetragen. Höhepunkt der Ausstellung ist das 17 Meter lange Skelett eines Pottwals.

Berliner Straße 28 • Tel.: 0551 395524 • www.uni-goettingen.de/de/65520.html • So. 10–16 Uhr, für Schulklassen und andere Gruppen auch Mo.–Fr. 8–16 Uhr nach vorheriger Anmeldung unter Tel.: 0551 39-5463/-5455 • Führungen und Kinderveranstaltungen •

15 WEENDE

S. 96

Ein bei Studenten und Hochschulangehörigen beliebtes Wohnviertel, denn der Weg zur Universität ist nicht weit. Auch Weende war bis zu seiner Eingemeindung im Jahr 1964 ein eigenständiges Dorf, was noch am alten Thiehaus zu erkennen ist. Der nordwestliche Stadtteil liegt am Rande schöner Wald- und Weidelandschaften, die zu ausgiebigen Spaziergängen einladen. Ein besonderer Tipp ist auch das Naturfreibad Weende. Es bietet sanft hügelige Ruheflächen mit schützenden Hecken, eine 80-Meter-Wasserrutsche, eine 10-Meter-Sprunganlage und viele Spielmöglichkeiten. Es gab Bestrebungen, das Freibad zu schließen, dank eines beispielslosen Bürgerengagements konnte dies verhindert werden.

www.weende.de

AUSFLÜGE IM GÖTTINGER LAND

Burgen und ein Kloster, Badeseen und sympathische Freizeitparks laden im Göttinger Umland zu Ausflügen ein. Dabei sind auch ungewöhnliche Dinge zu entdecken wie ein Denkmal, das der unendlichen Kreiszahl Pi gesetzt wurde, oder eine mehr als 150 Jahre alte Spinnerei. Viele dieser schönen Orte liegen nah beieinander, sodass sie sich zu Tagestouren kombinieren lassen.

siehe große Karte S. 108/109

SEHENSWERTES

Herberhausen Das charmante Dörfchen ist über Wanderwege und per Bus erreichbar. S. 110 1

Burg Plesse Goethe schrieb ihr zu Ehren ein Gedicht. S. 110 2

Gräflicher Landsitz Hardenberg Eine wild-romantische Burgruine, Reitturniere und Golfplatz. S. 111 3

Northeim Mit Seenplatte, Altstadt und dem „Theater der Nacht" einen Besuch wert. S. 111 5

Historische Spinnerei Gartetal Die Garnherstellung von anno dazumal erleben. S. 112 6

Das „Theater der Nacht" in Northeim

Kloster Bursfelde Das romanische Kloster an der Weser ist vollständig erhalten. S. 112 7

Seeburger See Idylle mit Naturfreibad und Bootsverleih. S. 112 9

Alternativer Bärenpark Worbis Mit Lehrpfad, Beobachtungshütte, Bauernhof und Streichelzoo. S. 113 11

Erlebnispark Ziegenhagen Ein kleiner, feiner Freizeitpark zum Motto Tiere, Technik, Spiel und Spaß. S. 113 12

ÜBERNACHTUNG

Landgasthaus Lockemann Erholung und Gaumenfreuden in Herberhausen. S. 130 14

Relais & Châteaux Hardenberg BurgHotel 5-Sterne-Hotel auf dem Gräflichen Landsitz Hardenberg. S. 131 15

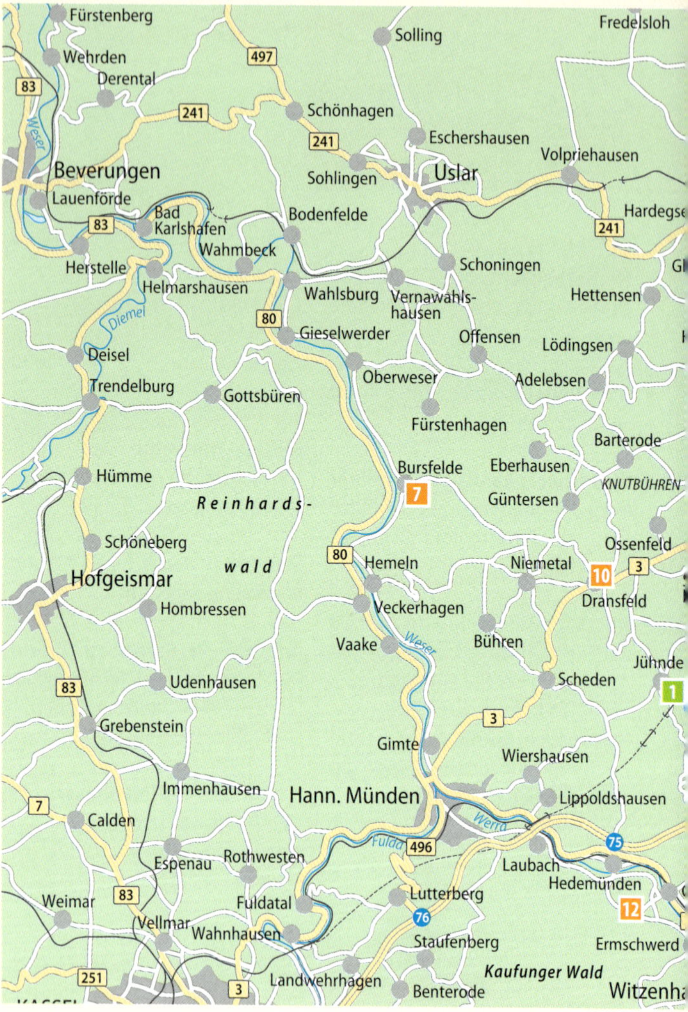

SEHENSWERTES

1 Herberhausen S. 110
2 Burg Plesse S. 110
3 Gräflicher Landsitz Hardenberg S. 111
4 Pi in Stein S. 111
5 Northeim S. 111
6 Historische Spinnerei Gartetal S. 112
7 Kloster Bursfelde S. 112
8 Wendebachstausee S. 112
9 Seeburger See S. 112
10 Gaußmuseum Dransfeld S. 113

11 Alternativer Bärenpark Worbis S. 113

12 Erlebnispark Ziegenhagen S. 113

ÜBERNACHTUNG

14 Landgasthaus Lockemann S. 130

15 Relais & Châteaux Hardenberg BurgHotel S. 131

EINKAUFEN

1 Deja Vue S. 125

1 HERBERHAUSEN S. 108

Die Ortschaft gehört noch zu Göttingen, was man ihr kaum ansieht. Abgeschirmt von Hügeln und ausgedehnten Waldgebieten bettet sich das Dörfchen ins schöne Luttertal. Es bietet sich als Ziel für eine Wanderung an: Vom Stadtwald aus führen Wege über das Wildgehege am Kehr und das Kerstlingeröder Feld schließlich hinab nach Herberhausen. Hier kann man in den Bus steigen und zurück nach Göttingen fahren oder auf einer anderen Route zurücklaufen. Eine Tour führt am Forststeinbruch vorbei, in dem ein Stück prähistorischer Meeresboden für die Ewigkeit konserviert wurde. Entsprechende Wanderkarten gibt es in Göttinger Buchläden.
In Herberhausen finden sich schöne Plätze für eine Rast, z.B. die Bank vor der mittelalterlichen Kirche St. Cosmas und Damian. Vermutlich um 1300 errichtet, wurde sie 1745 zur Saalkirche umgebaut. Zusammen mit dem Thie, dem ehemaligen Friedhof, urigen Bruchsteinmauern und den umliegenden Fachwerkhäuser bildet sie ein malerisches Ensemble.

Herberhausen • Buslinie 10 ab Göttingen Bahnhof/ZOB

2 BURG PLESSE S. 108

Man nennt sie auch die „Perle des Leinetales“. Die Burg Plesse (erstmals urkundlich erwähnt 1015) zählt zu den bedeutendsten mittelalterlichen Bauwerken rund um Göttingen. Ihre Geschichte lässt sich bis in das 11. Jh. zurückverfolgen. Es lohnt der Aufstieg auf den Großen Turm. Im Alten Herrenhaus befindet sich die Burgschänke (S. 119).

Plessestieg • 37120 Bovenden

GOETHES ERINNERUNGEN AN BURG PLESSE

Johann Wolfgang von Goethe besuchte die Burg Plesse während seines Aufenthalts in Göttingen. Viele Jahre später rief ein Stammbuchkupfer, das ihm vermutlich die Malerin Julie Gräfin von Gräfin Egloffstein (1792–1869) vorgelegt hatte, bewegte Erinnerungen hervor. Ihnen entsprang eines seiner schönsten, unbekannteren Gedichte. Goethe verfasste es in Weimar am 17. Mai 1815): *Zum Bildchen der Ruine Pleß bei Göttingen / Auf diesen Trümmern hab ich auch gessesen, / Vergnügt getrunken und gegessen / Und in die Welt hinausgeschaut / War aber wenig nur davon erbaut. / Kein liebes Kind gedachte meiner / Und ich fürwahr gehörte keiner, / So war die ganze Welt umgraut. / Ihr wißt ja selbst was sie erheitert. / Die Horizonte stufenklar erweitert.* Göttinger Literaturwissenschaftler gehen davon aus, dass eine Verwechslung zugrunde liegt: Bei dem auf dem Bild dargestellten Bauwerk handelt es sich wohl um die thüringische Burg Hanstein. Der Schönheit der Zeilen schadet es nicht.
(Quelle: Ausstellungskatalog „Der gute Kopf leuchtet überall hervor – Goethe, Göttingen und die Wissenschaft“, eine Dokumentation zu Goethes Besuchen in der Universitätsstadt in den Jahren 1783 und 1801).

Der Turm der Burg Plesse

4 PI IN STEIN S. 108

Wer in Nörten-Hardenberg in Richtung Boden schaut, entdeckt Ziffern und Symbole: Hinter-Komma-Stellen und Formeln der unendlichen Zahl Pi sind auf quadratischen Granitplatten in den Bürgersteigen eingelassen. Jede Platte wurde individuell graviert. Damit ließ Bilian Proffen, Vorsitzender des Vereins „Freunde der Zahl Pi Deutschland e.V." seiner geliebten 3,14... ein Denkmal setzen. Er nennt seine Heimatort auch „das E-Pi-Zentrum Deutschlands".

www.pi-in-stein.de

3 GRÄFLICHER LANDSITZ HARDENBERG S. 108

Die 8.000-Einwohner-Gemeinde Nörten-Hardenberg liegt rund zehn Kilometer nördlich von Göttingen. Sie ist vor allem bekannt durch den Gräflichen Landsitz Hardenberg, der u.a. jährlich das legendäre Burgturnier veranstaltet. Unter dem großen Namen werden auch das 5-Sterne-Burghotel und das zugehörige Golf-Resort betrieben. Ein schönes Ausflugsziel ist die Burgruine. Im Winter (Tipp!) gibt es Eislaufvergnügen vor historischer Kulisse.

Burgturnier: www.der-hardenberg.com • Burghotel: www.burghotel-hardenberg.de • Golf-Resort: www.gchardenberg.de • Gemeinde: www.noerten-hardenberg.de • Nov.–März Eislaufbahn („Eiszeit") vor der Burgruine •

5 NORTHEIM S. 108

Über Nörten-Hardenberg gelangt man, der B 3 weiter folgend, nach Northeim. Hier lohnt vor allem das „Theater der Nacht". Schon das „verwunschene" Haus selbst ist gelebtes Figurentheater und unbedingt den Besuch wert. Northeim hat auch noch eine nette Innenstadt mit viel Fachwerk zu bieten. Erwähnenswert ist auch die Northeimer Seenplatte mit einem Badestrand direkt vor der A 7. Skurril, aber beliebt: Idylle gibt es trotzdem reichlich. Auch das See-Café mit Beach-Club lohnt sich.

Theater der Nacht • Obere Straße 1 • 37154 Northeim • Tel.: 05551 995507 • www.theater-der-nacht.de •
Restaurant Seeterrassen • Am Nordhafen 1 • 37154 Northeim • Tel.: 05551 54555 • www.seeterrassen-northeim.de •

6 HISTORISCHE SPINNEREI GARTETAL

S. 108

An der Landesstraße 569 bei Klein Lengden lebt die Garnherstellung von anno dazumal auf. Die Maschinenhalle der historischen Garn- und Tuchfabrik (1847) kann bei individuellen Führungen besichtigt werden.

Steinsmühle 8 • 37130 Gleichen – Klein Lengden • Tel.: 05508 1218 • www.historische-spinnerei.de

7 KLOSTER BURSFELDE

S. 108

Rund dreißig Kilometer vor Göttingen liegt an der Weser das vollständig erhaltene romanische Kloster Bursfelde. Die Benediktinerabtei wurde bereits im Jahr 1093 gegründet und erlebte eine wechselvolle Geschichte. Hier wurde im 15. Jh. eine bedeutende Bewegung zur Reform der Klöster eingeläutet.

Klosterhof 5 • 34346 Hann. Münden/OT Bursfelde • Tel.: 05544 1688 • www.kloster-bursfelde.de • Mo.–So. 8–18.30 Uhr

8 WENDEBACH-STAUSEE

S. 108

Idyll zwischen Niedernjesa und Reinhausen (ca. 4 km vor Göttingen). Mit Grillhütte, einem Steg zum Hineinspringen und vielen lauschigen Plätzen ein beliebtes Naherholungsziel.

An der Landstraße 568 in Richtung Reinhausen (Parkmöglichkeiten vorhanden)

9 SEEBURGER SEE

S. 108

Das rund 90 Hektar große Gewässer ist eine schöne Idee für einen Tagesausflug. Es bietet ein Natur-

Der Seeburger See lohnt sich zu jeder Jahreszeit

freibad, einen Bootsverleih, einen Abenteuerspielplatz, eine Minigolfanlage und ein Naturinformationszentrum. Ein 4,5 Kilometer langer Rundweg führt um den See. Er liegt zwischen Seeburg und Bernshausen; von Göttingen sind es rund zehn Kilometer über die B 446.

10 GAUSSMUSEUM DRANSFELD S. 108

Das Museum des Verschönerungsvereins Dransfeld e.V. erinnert an das Wirken des Mathematikers Carl Friedrich Gauß. Es zeigt u.a. eine Ausstellung mit Nachbauten der Gaußschen Vermessungsgeräte.

Lange Straße 27 • 37127 Dransfeld • Di./Sa. 10–12 Uhr, Do. 16–18 Uhr

Im Gaußmuseum Dransfeld

11 ALTERNATIVER BÄRENPARK WORBIS S. 109

Bären, die nicht artgerecht gehalten wurden, finden hier ein neues Zuhause – zur Freude vieler Besucher, die außerdem noch fast zwanzig weitere Tierarten entdecken können. Durch das Gelände mit Mischwald, Teichen, Quellen und Hügeln führt ein Bären-Lehrpfad, außerdem gibt es einen Bauernhof mit vom Aussterben bedrohten Haustierrassen, einen Streichelzoo und eine Beobachtungshütte.

Duderstädter Straße 36 a • 37339 Leinefelde-Worbis • Tel.: 036074 20090 • www.baer.de • März–Okt. Mo.–So. 10–18 Uhr, Nov.–Feb. Mo.–So. 10–16 Uhr •

12 ERLEBNISPARK ZIEGENHAGEN S. 109

Ein kleiner, feiner Freizeitpark ohne Hektik und Warteschlangen, geführt von Familie Surup. Unter dem Motto Tiere, Technik, Spiel und Spaß werden viele Spiel- und Fahrattraktionen geboten, außerdem drei Museen mit Oldtimern, Eisenkunstguss und volkskundlichen Sammlungen. Zu großen Teilen ist der Park auch für Rollstuhlfahrer geeignet.

Ziegenberg 3 • 37217 Witzenhausen/OT Ziegenhagen • Tel.: 05545 246 • www.erlebnispark-ziegenhagen.de • Apr./Sept./Okt. Di.–Do./Sa./So. 10–17 Uhr, Mai–Aug. Di.–Do./Sa./So. 10–18 Uhr (witterungsbedingte Änderungen der Öffnungszeiten möglich) •

KLEINE STADTGESCHICHTE

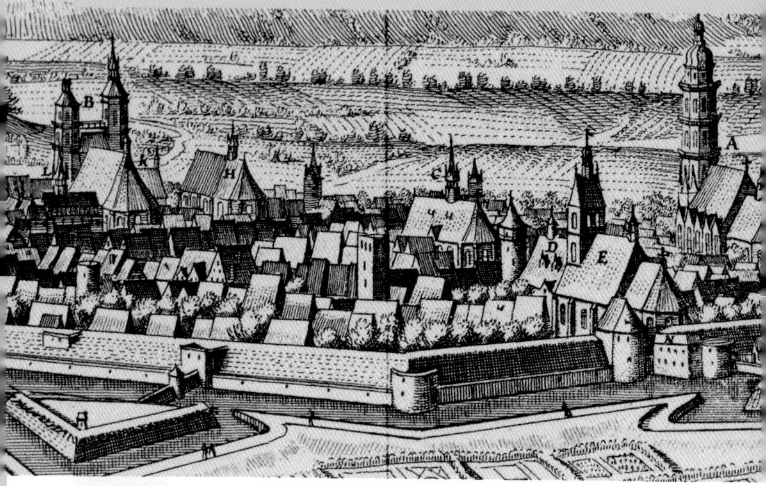

953 Das Dorf „Gutingi" wird erstmals in einer Urkunde erwähnt. Der ursprüngliche Name leitet sich von dem mit dem heutigen Wort „Gosse" verwandten „gote" ab. Er bedeutet soviel wie „Siedlung am Wasserlauf".

ca. 1150 In unmittelbarer Nähe des Dorfes Gutingi entsteht die heutige Stadt Göttingen: eine Kaufmannssiedlung, vermutlich initiiert durch Herzog Heinrich den Löwen.

ca. 1230 Göttingen erlangt die Stadtrechte. Davon berichtet die älteste Urkunde des Göttinger Stadtarchivs. In dem Dokument, das aus den Jahren 1229/30 stammt, werden erstmals Ratsherren und Bürger („consules et burgenses") für Göttingen erwähnt.

1387 In der Schlacht am 22. Juli mit den Truppen Herzog Otto des Quaden erkämpft sich Stadt weitgehend die Unabhängigkeit.

ab 14. Jh. Die Göttinger Tuchindustrie entwickelt sich zu einem der bedeutendsten Wirtschaftszweige. Mit der Wende zum 15. Jh. beginnt sie auch den überregionalen Markt zu erobern.

1542 Das Göttinger Pädagogium wird gegründet, eine eigenständige Bildungseinrichtung, die als Aufbaustufe der Lateinschulen auf den Besuch der Universitäten vorbereitet.

1597 Die Pest wütet in Göttingen, Sie bricht in den Jahren 1611 und 1626 erneut aus und fordert Tausende von Toten.

1632 Während des Dreißigjährigen Krieges (1618–1648) erobern die schwedischen Truppen unter Herzog Wilhelm von Weimar die Stadt am 11. Februar 1632.

1690 In einem Vertrag vom 13. Januar hebt der Herzog die städtische Selbstverwaltung weitgehend auf.

1715 Göttingen wird Festung. Der seit 1622 vorangetriebene Ausbau erreicht damit seinen Abschluss.

1733 Kaiser Karl VI. gewährt den regierenden Welfen die Errichtung einer hannoversche Landesuniversität am Standort Göttingen. Die Leitung des Vorhabens obliegt Gerlach Adolph Freiherr von Münchhausen (1688–1770).

Okt. 1734 Die Georgia Augusta, benannt nach dem regierenden Landesherrn Georg II. August von England und Hannover, nimmt ihren Lehrbetrieb auf.

1737 Tod Georg Christoph Lichtenbergs. Der große Gelehrte und Göttinger Professor stirbt am 24. Februar 1799. Er trug nachhaltig zum Ansehen der Göttinger Universität bei.

1799 Offizielle Einweihung der Georgia Augusta am 17. September. Die Feierlichkeiten finden in der Paulinerkirche statt.

Mitte 18. Jh. Innerhalb weniger Jahrzehnte entwickelt sich die Georgia August zur angesehensten Universität Deutschlands, wenn nicht sogar Europas.

1807 Napoleon gründet das Königreich Westphalen. Es umfasst Nordhessen, das östliche Niedersachsen und Teile Brandenburgs. Göttingen wird am 24. Dezember 1807 zum Hauptort des Leine-Departements bestimmt.

1813 Nach Napoleons Niederlage bricht das Königreich Westphalen rasch zusammen. Göttingen gehört wieder zum neu entstehenden Königreich Hannover.

1833 Die Göttinger Physiker Carl Friedrich Gauß und Wilhelm Weber erfinden den ersten über längere Zeit funktionstüchtigen elektromagnetischen Telegrafen.

1837 Zu ihrem hundertjährigen Jubiläum hat die Georgia Augusta den ersten Höhepunkt ihres Ruhmes überschritten. Die Konkurrenz der 1810 in Berlin und 1826 in München neu gegründeten Hochschulen macht sich anhand drastisch sinkender Studentenzahlen bemerkbar. Die Entwicklung verschärft sich durch den mutigen Protest der „Göttinger Sieben“: Gegen die Willkür des regierenden Königs Ernst August, die hannoversche Verfassung aufzuheben, legen sieben Professoren schriftlich Protest ein. Sie verlieren ihre Stellung und drei von ihnen werden des Landes verwiesen.

1854 Der Anschluss an das Eisenbahnnetz durch die Eröffnung des Göttinger Bahnhofs treibt die wirtschaftliche Entwicklung voran.

1866 Göttingen fällt an das militärisch überlegene Preußen: Infolge des Sieges über Österreich und seine Verbündeten lässt Otto von Bismarck das Königreich Hannover annektieren.

1929 Der Ausbruch Weltwirtschaftskrise schlägt sich auch in Göttingen nieder. Die Arbeitslosenzahlen nehmen drastisch zu. Traditionsreiche Firmen wie die Tuchfabrik Levin und der Klavierbauer Ritmüller müssen schließen.

1932 Hitler hält am 21. Juli eine Rede in Göttingen. Bei der Wahl zehn Tage später geben 51 Prozent der Göttinger den Nationalsozialisten ihre Stimme. Entsprechend reibungslos verläuft 1933 in Göttingen die Machtübernahme durch die NSDAP.

1942 Deportation der Göttinger Juden. Auch in Göttingen leistet die nichtjüdische Bevölkerung keinen wirksamen Widerstand.

1945 Göttingen bleibt infolge des Zweiten Weltkrieges weitgehend unzerstört. So wird die Stadt zum Ziel zahlreicher Flüchtlinge und Vertriebener. Die Einwohnerzahl steigt von 1939 bis 1949 von 51.000 auf mehr 80.000.

1964 Stadt und Landkreis Göttingen werden neu geordnet. Durch die Eingliederung von Geismar, Grone, Nikolausberg und Weende überschreitet Göttingen die 100.000-Einwohner-Grenze und wird Großstadt.

1973 Eine zweite Welle von Eingemeindungen rundet die expansive Stadtentwicklung ab.

1989 Drei Tage nach dem Fall der Berliner Mauer (12. November 1989) hebt sich der „Eiserne Vorhang" auch südlich von Göttingen bei Hohengandern. In den ersten zehn Tagen strömen mehr als 20.000 DDR-Bürger nach Göttingen.

2015 Göttingen hat fast 120.000 Einwohner. Die Georg-August-Universität und die Attraktivität der historischen Stadt ziehen alljährlich Tausende von Besuchern und neue Bürger an …

GASTRONOMIE

Die Nacht zum Tag machen, im lauschigen Biergarten sitzen oder schick essen gehen – alles geht mit Göttingens vielfältiger Gastronomie. Eine breite Auswahl an Restaurants von traditionell-regional bis hin zu italienisch oder persisch erfreut den Gaumen. Auch die echten (und natürlich preisgünstigen) Studentenkneipen fehlen in der Universitätsstadt nicht.

REGIONALE KÜCHE UND AUSFLUGSLOKALE

1 Göttinger Biergarten am Kehr Beliebter Treffpunkt im Grünen, im Winter Glühwein, im Sommer Weißbier & Co. Borheckstraße 66 • Tel.: 0170 5246054 • Mi.–Fr. 15–19.30 Uhr, Sa./So. 10–19.30 Uhr •

2 Burgschänke Plesse Restaurant auf der Burg Plesse mit toller Aussicht ins Leinetal. Rittersaal und Gewölbekeller, regionale und saisonale Küche mit reichhaltigen Angebot. Im Sommer gibt's bei sonntags gutem Wetter auch Gegrilltes im Burghof. Rittersteg 99 • 37120 Bovenden • Tel.: 05594 943333 • www.burg-plesse.de • März–Okt, Di.–Fr. ab 11 Uhr, Sa./So. ab 10 Uhr, Nov.–Feb. Mi.–Fr. ab 11 Uhr, Sa./So. ab 10 Uhr

3 Haus am See Am Naherholungsgebiet Kiessee gelegen mit großer Seeterrasse. Seit 2015 nach Umbau und Renovierung im neuen Glanz unter neuen Pächtern. Am Sandweg 9 a • Tel.: 0551 70799103 • www.tr-hausamsee.de • Di.–Fr. ab 11 Uhr, Sa./So. ab 9 Uhr, Küche jeweils bis 21.30 Uhr •

4 Restaurant Knochenmühle Nahe dem Wald in Richtung Herberhausen gelegen. Deutsche und internationale Küche, Saisonwochen, bei schönem Wetter Biergarten. Inklusion gehört zur Philosophie des Haus, Menschen mit Behinderung zum Team. Knochenmühle 1 • Tel.: 0551 38489793 • www.restaurant-knochenmuehle.de • Di.–So. 12–21.30 Uhr •

5 Zur Alten Brauerei Mit Paulaner-Biergarten am schönen Leinekanal in der Göttinger Altstadt. Auch drinnen geht es zünftig zu. Bayrische Schmankerl und Bierspezialitäten. Musik- und Tanzveranstaltungen, „Oktoberfest" im Herbst. Düstere Straße 20 a • Tel.: 0551 484862 • www.paulaner-goettingen.de • Mo.–Sa. 11.30–23 Uhr, So. 11–22.30 Uhr •

◄ Café am Marktplatz

INTERNATIONAL

6 Ali Baba Crêperie und persische Spezialitäten. Untere Karspüle 8/9 • Tel.: 0551 486129 • www.alibaba-goettingen.de • Café/Creperie: Mo.–Sa. 11–23 Uhr • Restaurant: Mo.–Sa. 12–14.30/18–23 Uhr, So. 18–22 Uhr

7 Bratwurstglöckle Urgestein unter den Göttinger Imbissen. Viele finden, dass es hier die weltbesten Bratwürste gibt. Kornmarkt 1 • Tel.: 0551 59883 • Mo.–Fr. 8.30–19 Uhr, Sa. 9.30–16 Uhr •

8 Café Botanik Lauschiges Plätzchen beim Alten Botanischen Garten im restaurierten Fachwerkhaus mit kleinem Biergarten. Das Café gehört Manuocher Amin, dem Betreiber des Ali Baba, so gibt es auch hier persische Spezialitäten. Untere Karspüle 1 b • Tel.: 0551 486129 • www.alibaba-goettingen.de/cafe-botanik • Som-mer 9.30–23.30 Uhr, Winter 9.30–22 Uhr

9 China-Restaurant Peking Pavillon Von der Frühlingsrolle bis Pekingente gibt es alles. Drinnen viel Platz, auch draußen einige lauschige Plätze. Friedrichstraße 1 • Tel.: 0551 44323 • Mo.–Do 12–15/17.30–23.30 Uhr, Fr.–So. 12–23.30 Uhr •

10 Gaudi Fein italienisch speisen im Börner-Viertel. Barfüßerstraße 12–13/ Rote Straße 16 (Börner-Viertel) • Tel.: 0551 5313001 • www.restaurant-gaudi.de • Mo. 18–24, Di.–Sa. 12–15/18–24 Uhr, So. Ruhetag •

11 Hellas Seit 1973 serviert das Traditionslokal griechische Spezialitäten an den Tisch – alles frisch und immer liebevoll angerichtet und bei griechischer Musik. Von morgens bis abends, sieben Tage die Woche ist der Chefgrieche Johannis Kapriniotis für seine Gäste da. Kurze-Geismar-Straße 29 • Tel.: 0551 56692 • Mo.–Fr. 12–14.30/17–23 Uhr

12 Sausalitos Gut besuchtes Restaurant der bundesweit agierenden Kette mit mexikanischer Küche, Biergarten und Beach-Club-Atmosphäre.

Der Paulaner-Biergarten am Leinekanal

Afrikanische Küche in Göttingen: das Sambesi machts möglich

Direkt am Stadtwall in schöner Lage an der Odilienmühle. Hospitalstraße 35/Gartenstraße 13 • Tel.: 0551 50 84827 • www.sausalitos.de • Mo.–So. ab 17 Uhr (Küche bis 23 Uhr) •

13 Fellini Empfehlenswerte Küche und schöner Sommergarten. Im Lieferservice nebenan kann man den Pizzabäckern beim Teigschwingen zuschauen. Groner-Tor-Straße 28 • Tel.: 0551 3097963 • www.fellini-goettingen.de • Mo.–So. 11.30–24 Uhr

14 La Romantica Das italienische Restaurant von Roberto Ventimiglia ist beliebt und mehrfach in Göttingen vertreten. Göttingen-Weende (beim Freibad) • Roter Berg 2 • Tel.: 0551 35225 • www.laromantica.de • Mo.–So. 12–14.30/18–22.30 Uhr •

15 ZAK Gemütliches Kneipen-Restaurant mit Biergarten am Marktplatz. Solide Küche, die Gerichte tragen die Namen berühmter Filme. Am Wochenmarkt 22 • Tel.: 0551 487770 • Mo.–Do. 9–24 Uhr, Fr./Sa. 9–1 Uhr, So. 10–1 Uhr •

DAS BESONDERE

16 Restaurant Gauß am Theater Restaurant in einem Kellergewölbe nahe dem Deutschen Theater. Die feinen Speisen sind in bis zu sechs Gängen kombinierbar, auch vegetarische Menüs und eine wörtlich gut ausgebaute Weinkarte. Obere Karspüle 22 (Eingang Theaterstraße) • Tel.: 0551 56616 • www.restaurant-gauss.de • Di.–Sa. 18–24 Uhr (Küche bis 22.30 Uhr) •

17 Sambesi Afrikanisch-exotische Küche, auch z.B. Känguru steht auf der Speisekarte. Gemütliches Ambiente mit Safari-Stil, ein paar schöne Außenplätze vor der Tür. Wendenstraße 8 • Tel.: 0551 37075651 • www.sambesi-goettingen.jimdo.com • Mo.–So. 12–1 Uhr

GUT, FAIR & GÜNSTIG

18 café kollektiv kabale Leckeres Essen zu fairen Preisen. Legendär sind Events wie Karaoke, die Casino-Nacht und die „Milonga"-Tango-Abende.

Dienstags Frauencafé und Lesbenveranstaltungen. Geismar Landstraße 19 • Tel.: 0551 485830 • www.cafe-kabale.de • Mo.–Fr. 16–1 Uhr, Sa. 14–1 Uhr, So. 10–1 Uhr, bei Veranstaltungen länger geöffnet

19 Monster-Café (ehemals: „Gromo") Kaffeespezialitäten mit fair gehandeltem Kaffee, Crêpes, hausgemachte Kuchen, Brownies und Muffins. Regionale Biersorten, Longdrinks und Cocktails. Spezialität: „Monsterbrause" aus eigener Herstellung. Goethe-Allee 13 • Tel.: 0551 49977779 • Mo.–Fr. 11–23.30 Uhr, Sa. 10–1 Uhr, So. 10–20 Uhr

20 Salamanca Billardtisch, das Essen günstig – was will man mehr? Kneipe, in der man auch lecker satt wird, vieles ist vegetarisch oder vegan. Gartenstraße 21 b • Tel.: 0551 58814 • Mo.–So. 17–2 Uhr

CAFÉ UND BISTRO

21 Cron & Lanz Konditorei & Café mit Tradition. Baumkuchenspezialitäten, feine Torten, Pralinen und Teegebäck. Zentrale Lage in der Fußgängerzone. Weender Straße 25 • Tel.: 0551 50088710 • www.cronundlanz.de • Mo.–Fr. 8.30–19 Uhr, Sa. 8.30–18.30 Uhr, So. 13–18.30 Uhr

22 P-Cafe Im Sommer ein beliebtes Straßencafé am schönen Kirchhof, aber auch im Winter sehr empfehlenswert. Am Nikolaikirchhof 11 • Tel.: 05 51 57699 • www.p-cafe-goettingen.de • Mo.–So. ab 9 Uhr •

KNEIPEN UND BARS

23 [...] Dots Café-Bar-Club mit schönem Innenhof, auch Lievemusik und andere Kulturevents. Barfüßerstraße 12–13 • 37073 Göttingen • Tel. 0551 29148982 • Mo.–Fr. 14–1 Uhr, Sa. 14–3 Uhr, So. 14–23 Uhr

24 Déjà vu Kneipe mit Kultstatus und Rettung für Nachtschwärmer, denn hier kann man durchfeiern. Im Sommer bereits ab 13 Uhr geöffnet mit sonnigen Außenplätzen, im Winter ab 20 Uhr. Geschlossen wird erst in

Zum Glück gibt es das Déjà vu – hier kann man bleiben

Nicht nur bei Länderspielen beliebt: das Monro's Park

den Morgenstunden zwischen 8 und 10 Uhr. Gartenstraße 14 • Tel.: 0551 55572 •

25 Irish Pub Livemusik, Events und Aktionen (z. B. „Cider day"), mit Biergarten. Mühlenstraße 4 • Tel.: 0551 45664 • www.irishpub-goettingen.de • Mo.–So. ab 15 Uhr

26 Monro's Park Hallenkneipe mit Billard, Großbildübertragungen und vielen Cocktails • Hospitalstraße 29 • Tel.: 0551 486921 • www.monrospark.de • Mo.–So. 15–0 Uhr

27 Café Schroeder Szenetreff mit einer Reihe Außenplätze. Innen klein und gemütlich. Jüdenstraße 29 • Tel.: 0551 55647 • Mo.–Do. 11–2 Uhr, Fr./Sa. 11–3 Uhr, So. 11–2 Uhr •

28 Sonderbar Bar-Schlauch mit Charakter und Flipperautomat. Eine Prise Subkultur in Göttingen. Kurze Straße 9 • Tel.: 0551 43143 • Geöffnet: Nachts! •

29 Thanners Tag- und Nachtschänke Alteingesessene Studentenkneipe. Am Wilhelmsplatz/Barfüßer straße1 • Tel.: 0551 485775 • www.thanners-goettingen.de • Mo.–Do. ab 18 Uhr, Fr.–So. ab 14 Uhr

30 Theaterkeller („T-Keller") Politisches, Punk, Indie, Kicker und Konzerte, auch mal eine 1980er-Party oder so. Im selben Haus: „café kollektiv kabale" und das Programmkino Lumière. Geismar Landstraße 19 • Tel.: 0551 43778 • www.theaterkeller.tumblr.com • Mo.–So. ab 20 Uhr

31 Villa Cuba Restaurant-Bar-Café mit heißen Rhythmen und Cocktails, auf der Toilette spricht Fidel Castro. Zindelstraße 2 • Tel.: 0551 4886678 • www.villacuba.de • So.–Do. 10–2 Uhr, Fr./Sa. 10–3 Uhr •

H. Albrecht
Hermes

EINKAUFEN

Ob in der Fußgängerzone mit ihren Eisdielen und Cafés oder in den kleinen Läden der Seitenstraßen – ein Einkaufsbummel im Wortsinne ist in Göttingen noch möglich. Von Hektik keine Spur, viele inhabergeführte Geschäfte, Kunst und andere schöne Dinge machen den Tag in der City zu einem Erlebnis.

MODE, SCHMUCK UND ACCESSOIRES

1 Deja Vue – Lebensart Modeschmuck von 1930 bis 1970 und andere schöne Dinge. Nach einigen Jahren in der Wendenstraße ist Inhaberin Anna Freifrau Grote mit ihrem Geschäft aufs Land (südlich von Göttingen) gezogen. Neue Adresse: Schloss Jühnde • Schloss Gutshof 1 • 37127 Jühnde • Tel.: 05502 9994160 oder 0151 40011223 • www.dejavue-lebensart.de

2 Friederike Lohrengel Neben der eigenen Kollektion wird eine große Auswahl sorgfältig ausgewählter Marken geboten. Burgstraße 22/23/Filiale Kurze-Geismar-Straße 37 • Tel.: 0551 5177810 • www.friederike-lohrengel.de • Mo.–Fr. 10–18.30 Uhr, Sa. 10–16 Uhr

3 Martina Fischer – Schmuck Unikate und Kleinserien in Gold, Palladium, Silber mit Perlen und besonderen Edelsteinen. Lange-Geismar-Straße 6 • Tel.: 0551 4886439 • www.lotusdesign.de • Mo.–Fr. 10–13/15–18 Uhr, Sa. 11–15 Uhr

◂Schöne Läden in der Kurzen-Geismar-Straße

4 Mike Mascher – Schmuckdesign Entwurf, Gestaltung und Anfertigung liegen hier in einer Hand. Wendenstraße 4 • Tel.: 0551 58771 • www.mm-schmuckdesign.de • Di.–Fr. 10–13/15–18 Uhr, Sa. 10–13 Uhr

5 Mode am Wilhelmsplatz Das alteingesessene Modegeschäft stellt höchste Ansprüche an Qualität und Passform. Friedrichstraße 5 • Tel.: 0551 56005 • www.die-mode-am-wilhelmsplatz.de • Mo.–Fr. 9.30–18.30 Uhr, Sa. 9.30–16 Uhr

6 pieper's Ines Pieper präsentiert Trendiges und Feines, Accessoires und Schmuck. In den neuen Räumen der Theaterstraße findet man eine Fülle von Trendfirmen, namhafte kleine Produktionen und „feine" skandinavische Labels. Theaterstraße 6 • Filiale mit Vintage in der Roten Straße 6–8 • Tel.: 0551 484495 • Mo.–Fr. 10–18.30 Uhr, Sa. 10–16 Uhr

7 Woggon „Anziehend anders" lautet das Motto. Accessoires und Schuhe bekannter Labels wie Backstage, Timberland, Marc'O Polo, Pepe Jeans u.v.m. Barfüßerstraße 1 • Tel.: 0551 486085 • www.woggon-mode.de • Mo.–Fr. 9.30–19 Uhr, Sa. 9.30–18 Uhr

8 Über-Haupt styling & fashion Links exklusive Trend-Mode, rechts der dazu passende Friseurladen: Wer mag, findet hier sein komplettes Styling. Rote Straße 35/36 • Tel.: 0551 59361 (styling) und 0551 485900 (fashion) • www.ueber-haupt.com • Mo.10–18.30 Uhr, Di.–Fr. 9–18.30 Uhr, Sa. 8–13.30 Uhr

9 Scala Lässige One-Size-Kollektionen und Mode in den Größen 42–52 für selbstbewusste Frauen. Jüdenstraße 19 • Tel.: 0551 5177707

10 VIVA natura Naturmode-Sortiment, große Schalkollektion, Pulswärmer und Stulpen, schöne Knöpfe. Jüdenstraße 13 • Tel.: 0551 485965 • www.1001-schal.de • Mo.–Fr. 10–18.30 Uhr, Sa. 10–14 Uhr

11 Filipo – Kindermode Markenkleidung für Kinder u.a. von Tom Tailor, Burberry, Lillifee und Diesel. Jüdenstraße 17 • Tel.: 0551 4956550 • www.filipo-kindermode.de • Mo.–Fr. 10–18.30 Uhr, Sa. 10–16 Uhr

GESCHENKE UND BESONDERES

12 CONTIGO Fairtrade Shop Originelle Geschenkideen aus fairem Handel wie Silberschmuck, Ledertaschen, Recyclingprodukte und Hängematten aus aller Welt. Lecker ist der im Laden geröstete Kaffee aus Afrika, Asien und Lateinamerika. Lange-Geismar-Straße 51 • Tel.: 0551 485317 • www.goettingen.contigo.de • Mo.–Fr. 9.30–18.30 Uhr, Sa. 9.30–18 Uhr

13 Der Drachenladen Auf 140 Quadratmetern gibt es Drachen und andere Flugspielzeuge, Windspiele, Jonglierartikel, besondere Brettspiele und viele witzige Geschenkideen. Kurze-Geismar-Straße 34 • www.der-drachenladen.de • Tel.: 0551 58163 • Mo.–Fr. 9.30–18.30, Sa. 9.30–16 Uhr

14 Harlekin Kreative Geschenkideen, Kunsthandwerk, Glas, Designerschmuck, Lederarbeiten u.v.m. Rote Straße 16 • Tel.: 0551 484699

15 Papajule Außergewöhnliches für große und kleine Kinder. Düstere Stra-

Papajule ist ein besonderes Spielzeuggeschäft

ße 8 (Spielzeug, Kinderbücher und CDs) • Wegen Sanierung derzeit geschlossen, Neueröffnung voraussichtlich Sommer 2018. Weiterhin geöffnet und nun in neuen Räumen: Papajule rund ums Baby und Kleinkind mit ökologischer Kinderkleidung. Johannisstraße 26 • Tel.: 0551 2710508 oder 0176 64109332 • www.papajule.de • Mo.–Fr. 10–18 Uhr, Sa. 10–14 Uhr

16 Raben-Laden Kunstgewerbe, Spielzeug, Stoffe. Mitglied im Arbeitskreis „Richtig gutes Spielzeug". Johannisstraße 6 • Tel.: 0551 45574 • www.raben-laden.de • Mo.–Mi./Fr. 9.30–18.30 Uhr, Do. 9.30–19 Uhr, Sa. 9.30–18 Uhr

ANTIK, KUNST UND AMBIENTE

17 Atrium Antiquariat Gut sortiertes Angebot an bibliophilen Raritäten. Jüdenstraße 10 • Tel.: 0551 9995690 • www.atriumantiquariat.com

18 Fifty Five – Antik & Design Seit mehr als zwanzig Jahren in Göttingen vertreten. Burgstraße 33 • Tel.: 0551 58491 • www.fifty five.de

19 Floh-Art Antiquitäten und Sammlerstücke vom Bierbecher bis zum Zinnlöffel. Ob altmodische Kaffeemaschinen, Lampen, Puppen oder Vintage-Handtaschen, hier wird man fündig. Obere-Masch-Straße 18 • Tel.: 0551 7907 098 • Do./Fr. 14–18 Uhr, Sa. 10–14 Uhr

20 Kunststück Edle Stoffe, Ölbilder, Stilvolles für den Wohnbereich. Wendenstraße 2 (am Albaniplatz) • Tel.: 0551 6349148

21 S. Bohm – Antiquitäten Feiner Schmuck, Tafelsilber und antikes Mobiliar. Barfüßerstraße 12 • Tel.: 0551 4886988 • www.stephaniebohm.com

22 Zindelhof Antikes und Trödel im gemütlichen Innenhof. Längst Kult in Göttingen. Ganzjährig geöffnet, in der Adventszeit mit einmaligem Weihnachtsmarkt. Markt 6 • Tel.: 0179 9433624 (Tilo Schikore) • www.zindelhof.de

ESSEN, TRINKEN UND GENIESSEN

23 Bremers Weinkellerei am Wall In ihrem Stammhaus lädt Familie Bremer zu Weinproben, Seminaren und lukullischem Vergnügen ein. Obere Karspüle 42/Weinhandlung Bremer in der Barfüßerstraße 10 • Tel.: 0551 54017 • www.weinhandlung-bremer.de • Wochenendschoppen: Fr. ab 17 Uhr, Sa. ab 12 Uhr

24 Käse-Boucoiran Mehr als 250 Käsesorten aus ganz Europa, Feinkost und Weine. Käse-Seminare und Partyservice. Kurze Straße 3 • Tel.: 0551 507550 • www.kaese-boucoiran.de

25 Paura Mediterrane Gaumenfreuden wie hochwertige Olivenöle, Essige, Brände, Liköre, Grappa und Weine. Pasta-Variationen, kreative Präsentideen. Rote Straße 26 • Tel.: 0551 5313977 • Mo.–Fr. 10–18.30 Uhr, Sa. 10–15 Uhr

OUTDOOR

26 frohnatour Der Outdoorladen für die ganze Familie macht mit seinem tollen Angebot so richtig Lust auf draußen. Rote Straße 31 • Tel.: 0551 40174011 • www.froh-natour.de • Mo.–Fr. 10–18.30 Uhr, Sa. 10–16 Uhr

HOTEL
Hannover
Hotel
HOTEL STADT HANNOV
HOTEL

ÜBERNACHTUNG

Nach Göttingen kommen Touristen, Geschäftsleute, junge und ältere Menschen, Alleinreisende, Paare und Familien. Die Stadt hat sich darauf eingestellt mit einem breiten Angebot an Unterkünften. Für jedes Reise-Budget dürfte das Passende dabei sein. Auch die Zimmervermittlung von Göttingen Tourismus hilft gern weiter.

GEHOBEN BIS LUXURIÖS

1 Best Western Hotel am Papenberg Das 4-Sterne-Hotel verfügt über 78 Zimmer mit behaglicher Atmosphäre. Drei davon sind komplett barrierefrei eingerichtet mit entsprechenden Bädern. Im zugehörigen Restaurant „Mazzoni" werden italienische und deutsche Köstlichkeiten serviert. Hermann-Rein-Straße 2 • Tel.: 0551 30550 • www.papenberg.bestwestern.de •

2 Best Western Parkhotel Ropeter Das Parkhotel ist ein 4-Sterne-Hotel mit 116 komfortabel eingerichteten Business- und Standardzimmern. Es liegt nur 2 km vom Bahnhof entfernt und ist gut mit verschiedenen Buslinien zu erreichen. Kasseler Landstraße 45 • Tel.: 0551 9020 • www.parkhotel-ropeter.bestwestern.de •

3 Hotel Novostar Das 4-Sterne-Business-Hotel hat sich auch auf Familien und Paare eingestellt mit besonderen Preisen und Specials wie „Zeit für die Familie" (Ausflüge und Überraschungen für Kinder im Preis enthalten). Kasseler Landstraße 25 d • Tel.: 0551 99770 • www.novostar.de •

◀Citynah: das Hotel Stadt Hannover

4 Hotel Stadt Hannover Stilvoll renovierte Zimmer in einem über 250 Jahre alten Haus, das einst als Professorenvilla diente. Das 3-Sterne Hotel wird in vierter Generation von Familie Netke geführt. Zentrale Lage am Rande der Altstadt. Goethe-Allee 21 • Tel.: 0551 547960 • www.hotelstadthannover.de •

5 Park Inn by Radisson Neueröffnung im Herbst 2013 (vormals NH-Hotel). Das modernisierte 4-Sterne-Hotel bietet 114 Gästezimmer, zwölf Suiten, sechs Appartements, fünf Business-Suiten und ein barrierefreies Zimmer. Neu ist die zusätzliche Zimmerkategorie „Superior". Ruhig in zweiter Reihe gelegen. Kasseler Landstraße 25 c • Tel.: 0551 2707070 • www.proventhotels.com •

6 Romantik Hotel Gebhards 4-Sterne-Superior-Hotel, am Stadtwall gelegen, stilvolle Atmosphäre mit kurzen Wegen zur Innenstadt, Fußgängerzone und Universität. In dem 1863 erbauten Haus sind Persönlichkeiten aus Politik, Kultur und Wirtschaft gern zu Gast. Goethe-Allee 22–23 • Tel.: 0551 49680 • www.gebhardshotel.de •

KOMFORTABLE MITTELKLASSE

7 Adesso-Hotel Schweizer Hof Schöne Zimmer im mediterranen Stil. Die hochwertige Ausstattung mit zeitgemäßem Design erfüllt die Ansprüche eines modernen Stadthotels. Kasseler Landstraße 118/120 • Tel.: 0551 50960 • www.adessohotel.de

8 Hotel Rennschuh In zweiter Generation von Katharina Schüle-Rennschuh geführt, bietet das Haus inzwischen 110 Zimmer und Appartements, Schwimmbad und Sauna. Kasseler Landstraße 93 • Tel.: 0551 90090 • www.rennschuh.de

9 Hotel zum Stresemann 3-Sterne-Hotel mit 32 Einzel- und Doppelzimmern in drei Kategorien, teilweise mit Balkon. Raucher- und Nichtraucherzimmer. Sauna, gratis WLAN. Stresemannstraße 27 • Tel.: 0551 505630 • www.hotel-stresemann.de •

10 Leinehotel Göttingen 100 Zimmer und ein (auch monatsweise buchbares) Appartement. Das 3-Sterne-Hotel liegt zentrumsnah, wenige Gehminuten vom Göttinger Hauptbahnhof entfernt. Groner Landstraße 55 • Tel.: 0551 50510 • www.leinehotel-goe.de

PREISWERT

11 Gästehaus Göttingen Sehr ruhige, zentrale Lage. Universität, Kliniken, Innenstadt und Bahnhof sind fußläufig erreichbar. Hunde willkommen (5 Euro Aufpreis). Direkt gegenüber gibt es ein Café mit Frühstücksangebot. Waldweg 12 • Tel.: 0551 42267 • www.gaestehaus-goettingen.de

12 Pension am Klosterpark Zwei Doppelzimmer, vier Einzelzimmer, Gemeinschaftsraum und Küche, jeweils eine Herren- und Damentoilette, ein Dusch- und Waschraum. Bettwäsche und Handtücherservice. Reinhard-Rube-Straße 12 • Tel.: 0551 3831066 • www.pension-goettingen.de

13 Ihr Zuhause in Göttingen Pension mit Galerie. In beliebter Wohngegend Göttingens, ruhig und zentrumsnah gelegen, umgeben von Grün in einer alten Göttinger Villa mit vier Appartements. Am Goldgraben 22 • Tel.: 0176 61749130 (Karin Mieth) • www.pensiongoettingen.de

DAS BESONDERE

14 Landgasthaus Lockemann Familienbetrieb in siebter Generation, schon im 19. Jahrhundert befand sich hier eine Ausspann- und Vesperwirtschaft für die hart arbeitende Landbevölkerung. Im zugehörigen Restaurant gibt es regionale Spezialitäten, unter anderem aus eigener Charolaiszucht und mit Wild aus dem Göttinger Wald. Im Beeke 1 • 37075 Göttingen-Herberhausen • Tel.: 0551 209020 • www.landgasthaus-lockemann.de

15 Relais & Châteaux Hardenberg BurgHotel Das 5-Sterne-Hotel auf dem Gräflichen Landsitz Hardenberg bietet klassische Eleganz und ländliche Idylle. Hinterhaus 11a • 37176 Nörten-Hardenberg • Tel.: 05503 9810 • www.burghotel-harden berg.de

ZENTRALE ZIMMERRESERVIERUNG

Göttingen Tourismus e.V. • Altes Rathaus, Markt 9 • Tel.: 0551 499800 • www.goettingen-tourismus.de • Mo.–Fr 8.30–18.00 Uhr, Sa. 10–18 Uhr, So. 10–16 Uhr (von Nov.–März nur Sa.)

JUGENDUNTERKÜNFTE

16 Jugendherberge Göttingen Am Stadtrand gelegen. Auch für Einzelgäste, Familien und Gruppen ein idealer Ausgangspunkt, um das Kultur- und Freizeitangebot Göttingens zu entdecken. Habichtsweg 2 • Tel.: 0551 57622 • www.djh-niedersachsen.de/jh/goettingen •

17 Hostel37 In perfekter Lage, nur 300 Meter vom Hauptbahnhof, dem Stadtzentrum sowie der Uni entfernt, befindet sich dieses kleine, aber feine Hostel. 21 Betten in Ein- bis Vierbettzimmern, Aufenthaltsraum mit Fernseher und Küchenbereich. Kaffee und Tee kostenlos! Groner Landstraße 7 • Tel.: 0551 63445177 • www.hostel37.de

Das Hardenberg BurgHotel vereint Wellness und Romantik

KULTUR UND FREIZEIT

Klassik und Punk, Programmkino und Multiplex, leichte Kost und Tiefgründiges ... Viele Gegensätze vereinen sich in Göttingens Kulturlandschaft. Gleich mehrere Theater bieten einen abwechslungsreichen Spielplan, Kunstfreunde finden alteingesessene Galerien vor. Das Angebot an Museen wird durch die sechs Sammlungen der universitären Institute bereichert, die auch Gästen offenstehen.

MUSEEN UND SAMMLUNGEN

1 Alter Botanischer Garten Botanisches Kleinod mit historischen Gewächshäusern und Außenanlagen. Die Sammlungen beherbergen eine große Vielfalt teils seltener Pflanzen. Untere Karspüle 2 • Eingänge: Weender Straße (neben Auditorium), Wilhelm-Weber-Straße, Untere Karspüle 1 und „Café Botanik" (Untere Karspüle) • Tel.: 0551 39-5755 oder -5753 • www.altgart.uni-goettingen.de • Freiland: Mo.–So. 8–18.30 Uhr, Gewächshäuser: Mo.–So. 8–15 Uhr • Okt.–März Sa./So. 8–15 Uhr • Führungen nach Vereinbarung • Dez.–Feb. an Wochenenden und Feiertagen sowie Weihnachtswoche (24.12.–1.1.) und bei winterlichen Witterungsverhältnissen geschlossen •

2 Alte Staats- und Universitätsbibliothek Das historisches Gebäude der Bibliothek in der Paulinerkirche ist Schauplatz diverser Veranstaltungen. Papendiek 14/15 • Tel.: 0551 3912397 • Informationen zu Veranstaltungen und Ausstellungen unter: www.sub.uni-goettingen.de • Öffnungszeiten bei Sonderausstellungen: Di.–So. 11–18 Uhr •

◀Wellness in der Saline Luisenhall

3 Bismarckhäuschen Hier lebte der spätere Reichskanzler während seiner Göttinger Studienzeit für einige Monate. Bürgerstraße 27 (zwischen Nikolai- und Angerstraße) • Besichtigungen im Rahmen von Stadtführungen nach Voranmeldung bei Göttingen Tourismus • Tel.: 0551 4 9 8012 • www.goettingen-tourismus.de

4 Bismarckturm Der Aussichtsturm bietet einen herrlichen Blick über Göttingen und beherbergt eine Bismarck-Gedächtnishalle. Borheckstraße/Bismarckstraße • Apr.–Okt. Sa./So. 11.30–18 Uhr

5 Ethnologische Sammlung Highlight ist die Südseesammlung mit Exponaten, die James Cook und seine Begleiter von ihren Reisen mitbrachten. Doch auch die andern Teile der

Ausstellung sollte man sich unbedingt ansehen. Auch Sonderaktionen wie Taschenlampenführungen für Kinder. Ethnologische Sammlung der Universität Göttingen • Institut für Ethnologie • Theaterplatz 15 • Tel.: 0551 397892 • www.uni-goettingen.de/de/28899.html • So. 10–16 Uhr und nach telefonischer Vereinbarung •

6 Museum des Geowissenschaftlichen Zentrums und Geopark Mehrere Dauerausstellungen zu den Bereichen Geobiologie, Paläontologie und Mineralogie und ein informatives Außengelände. Goldschmidtstraße 3–5 • Tel.: 0551 39-7998/-7951 • www.geomuseum.uni-goettingen.de • Mo.–Fr. 8.30–17.30 Uhr • Kostenlose Führungen (Museum und Geopark): jeden 1. So./Monat („Aktionssonntag") 10–16 Uhr sowie nach Vereinbarung

7 Kunstsammlung der Georg-August-Universität Göttingen Gemälde, Zeichnungen, Druckgrafiken, Skulpturen und Werke von Videokünstlern aus aller Welt sind im Auditorium ausgestellt, darunter Arbeiten von Dürer, Botticelli, Rembrandt und Goya sowie Werke der Moderne. Gemälde- und Skulpturensammlung (Auditorium). Weender Landstraße 2 • Tel.: 0551 39-5092/-5093/-5098 • www.uni-goettingen.de/de/304930.html • So. 10–16 Uhr •

8 Musikinstrumentensammlung der Georg-August-Universität Göttingen Eine der größten Musikinstrumentensammlungen Deutschlands mit Instrumenten aus aller Welt und den verschiedensten Epochen. Musikwissenschaftliches Seminar • Kurze-Geismar-Straße 1 (Accouchierhaus) • Tel.: 0551 395075 • www.uni-goettingen.de/de/71170.html • So. 10–16 Uhr (außer in den Oster- und Weihnachtsferien) •

9 Sammlung der Gipsabgüsse antiker Skulpturen Rund 2.000 maßgenaue und plastisch getreue Abgüsse von Originalen aus mehr als 150 Museen weltweit. Archäologisches Institut • Nikolausberger Weg 15 • Tel.: 0551 397502 • www.uni-goettingen.de/de/38812.html • So. 10–13 Uhr, nach Voranmeldung auch zu anderen Zeiten • Interaktiver Rundgang durch die Räume der Göttinger Abgusssammlung auf www.viamus.de •

10 Städtisches Museum Göttingen Trotz der Einschränkungen wegen der derzeitigen Sanierung lohnt der Besuch: Teile der Ausstellungen rund um die Stadtgeschichte sind weiterhin geöffnet, außerdem gibt es Sonderaktionen. Ritterplan 7/8 • Tel.: 0551 4002843 • www.museum.goettingen.de • Di.– Fr. 10–17 Uhr, Sa./So. 11–17 Uhr, an Feiertagen geschlossen (außer Ostersonntag und Pfingstsonntag) • Behindertenparkplatz vorhanden

11 Volkskundliches Museum am Thie Das einzige ausschließlich volkskundliche Museum der Region seit 1971. Am Geismar Thie 2 • Tel.: 0551 794944 • Do. 16–18.30 Uhr, 1./3. So. im Monat 10.30–12.30 Uhr und nach telefonischer Vereinbarung • Eintritt frei!

12 Wiechert'sche Erdbebenwarte Die Erdbebenwarte ist seit über 100 Jahren aktiv und liefert nach wie vor wissenschaftlich brauchbare Daten. Herzberger Landstraße 178 • www.erdbebenwarte.de • Besichtigung auf Anfrage: besichtigungen@erdbebenwarte.de

13 Zoologisches Museum der Universität Göttingen Über 100.000 präparierte Tiere in Gläsern, ein Highlight ist das Pottwal-Skelett. Berliner Straße 28 • Tel.: 0551 395524 • www.uni-goettingen.de/de/65520.html • So. 10–16 Uhr, für Schulklassen und andere Gruppen auch Mo.–Fr. 8–16 Uhr nach vorheriger Anmeldung unter Tel.: 0551 39-5463/-5455 • Führungen und Kinderveranstaltungen •

KONZERT, THEATER, KLEINKUNST, LITERATUR

14 Apex Die Räume des Kulturvereins sind ein beliebter Göttinger Treffpunkt für Kabarett, Theater, Musik und andere Veranstaltungen. Die hauseigene Gastronomie bietet eine breite Palette an Speisen und Getränken. Apex Kultur e.V. • Burgstraße 46 • Tel.: 0551 46886 • www.apex-goe.de • Mo.–Sa. ab 17.30 Uhr, So. Ruhetag (außer bei Veranstaltungen) • Der Veranstaltungsraum ist nicht barrierefrei. Das Apex bemüht sich aber, behinderten Menschen den Besuch der Veranstaltungen nach vorheriger Absprache zu ermöglichen •

15 Deutsches Theater (DT) Abwechslungsreiches Repertoire auf drei Bühnen. Neben dem Großen Haus gibt es den „DT Keller", eine Off- und Kleinkunstbühne mit Gastronomie, zu der man durch das Theaterbistro gelangt. Im modernen Anbau ist das „DT Studio" untergebracht. Theaterplatz 11 • Tel.: 0551 49690 und 496911 (Theaterkasse) • www.dt-goettingen.de • Barrierefreier Zugang zur Theaterkasse über den Seiteneingang des DT Bistros •

16 Junges Theater Auch Menschen, die schon älter sind, gefallen die Inszenierungen. Längst hat sich die alternative Bühne einen festen Platz in der Kulturlandschaft erobert. Hospitalstraße 6 • Tel.: 0551 495015 • www.junges-theater.de • Kartenreservierung auch über Reservix möglich: Tel.: 0761 55652980 • Öffnungszeiten Kasse: Di.–Fr. 11–14, Fr./Sa. 17–19 Uhr sowie jeweils eine Stunde vor Vorstellungsbeginn •

17 KAZ e.V. Das Göttinger Kommunikations- und Aktionszentrum bietet Kultur zum Ansehen und Mitmachen: Kurse, Workshops, offene Gruppen u.v.m. Hospitalstraße 6 • Tel.: 0551 53062 • www.kaz-goettingen.de •

18 Literarisches Zentrum In dem „begehbaren Feuilleton" treffen sich und diskutieren Autoren, Kritiker, Verleger und Gelehrte, aber auch Filmschaffende, Schauspieler, Musiker und bildende Künstler. Regelmäßig Veranstaltungen. Düstere Straße 20 • Tel.: 0551 49568 23 • www.literarisches-zentrum-goettingen.de

19 Lokhalle Großveranstaltungen im Industriedenkmal. Konzerte, Shows, Sportturnier, Messen u.v.m. Im Winter Indoor-Eisbahn. Bahnhofsallee 1 b • Tel.: 0551 547430 • www.lokhalle.de •

20 Musa e.V. Kulturfabrik mit Programmkneipe, Tanz, Kurse und Workshops. Hagenweg 2 (Haltestelle Tulpenweg) • Tel.: 0551 64353 • www.musa.de • Mo.–Fr. 18–1 Uhr, bei Sonderveranstaltungen auch andere Öffnungszeiten • Hinweis für Rollstuhlfahrer: Zur Benutzung des Fahrstuhles Kontakt mit dem Büro aufnehmen •

21 Stadthalle Göttingen In dem Veranstaltungsgebäude gegenüber der Albani-Kirche spielt regelmäßig das Göttinger Symphonie Orchester. Außerdem gibt es weitere Klassikkonzerte, Shows,

Tanz, Ballett, Musicals, Comedy u.v.m. Albaniplatz 2 • Tel.: 0551 999580 • www.stadthalle-goettingen.de •

22 Theater im OP (ThOP) Dramen, Komödien, Poetry-Slams, andere Mitmach-Aktionen u.v.m. im ehemaligen Operationssaal auf dem Campus. Käte-Hamburger-Weg 3 • Tel.: 0551 3922177 • Kartentelefon: 0551 397077 (AB) • www.thop.uni-goettingen.de • Öffnungszeiten Büro Do. 10–12 Uhr • Das ThOP ist nicht komplett barrierefrei zugänglich. Das Team findet aber gerne Mittel und Wege für individuelle Lösungen, um alle Interessierten den Zugang zu ermöglichen •

KINO

23 Cinema Göttingen Das beliebte Programmkino musste aus den Räumen in der Weenderstraße 58 ausziehen, weil das Haus verkauft wurde. Bis es eine neue Bleibe gefunden hat, werden verschiedene Live-Veranstaltungen und Konzerte in anderen Räumen angeboten. Tel.: 0551 68850 • Vorankündigungen unter: www.cinema-goettingen.de • weitere Infos unter www.kulturlichter.net

24 Cinemaxx Das Göttinger Cinemaxx befindet sich in der Lokhalle im Otto-Hahn-Zentrum. 1.700 Sitzplätze in neun Sälen. Bahnhofsallee 3 (Haltestelle Bahnhofsallee) • Tel.: 0551 522200 (Programminfo) und 0180 524636299 (Kartenreservierung) • www.cinemaxx.de • Kostenloser Chip für Behindertenparkplatz an der Kasse erhältlich; Plätze für Rollstuhlfahrer im Kino nur vor der ersten Reihe •

25 Lumière Das Programmkino zeigt künstlerisch herausragende Filme und Filmreihen, oft in Zusammenarbeit mit anderen Kultureinrichtungen und Initiativen in Göttingen. Diskussionen mit Filmemachern, Vorträge, Ausstellungen sind fester Bestandteil des Programms. Stummfilmvorführungen mit Live-Klavierbegleitung. Geismar Landstraße 19 • Tel.: 0551 484523 • www.lumiere.de • Behindertenparkplatz: Sternstraße, Zugang für Rollstuhlfahrer durch Seiteneingang (an der Kasse Bescheid geben) •

LIVEMUSIK UND TANZLOKALE

26 Nörgelbuff Konzerte von Pop/Rock bis Funk/Soul/Jazz, offene Lesebühne, Salsa-Abende und andere Events. Groner Straße 23 • Tel.: 0551 3848262 • www.noergelbuff.de

27 einsB und Freihafen Club, Lounge, Bar, Abhotten zu House und Elektro, aber auch zu Schlagern und anderen Sounds. Auch Gay-Partys. Nikolaistraße 1 b (im Gebäude „Alte Sink", 1. Stock) • Tel.: 0551 28046418 • www.einsb.de

28 Tangente Clubdiskothek. Hier tanzen viele Studenten, aber auch ältere Semester. Regelmäßig Motto-Partys wie „Hard aber Herzlich", „Strictly 90s" oder „Funky Station". Goethe-Allee 8 d • Tel.: 0551 46376 • www.tangente-goettingen.de

GALERIEN

29 Galerie Ahlers 1982 von Inhaber Oliver Ahlers gegründete Galerie mit der Skulptur zwei Meter großen Moebiusschleife aus Stahl im Vorgarten.

Wechselnde Ausstellungen. Düstere Straße 21 • Tel.: 0551 57056 • Mobil: 0160 7834600 • www.galerieahlers.de • Di.–Fr. 10–13/15–18 Uhr, Sa. 10–13 Uhr

30 Künstlerhaus mit Galerie im Lichtenberghaus Galerien auf drei Ebenen: im Weißen Saal, in der repräsentativen Lichtenbergetage und im historischen Gewölbekeller, zusätzliche Arbeits- und Ausstellungsmöglichkeiten im Garten-Innenhof. Gotmarstraße 1 • Tel.: 0551 46890 • www.kuenstlerhaus-goettingen.de • Ausstellungen: Di.–Fr. 16–18 Uhr, Sa./So. 11–13 Uhr • Informationen zum Kunstverein Göttingen/artothek unter: www.kunstvereingoettingen.de

SPORT, WELLNESS UND SPASS

31 Badeparadies Eiswiese Wasser- und Spiellandschaft mit großem Sauna- und Wellnessbereich. Windausweg 6 • Tel.: 0551 507090 • www.badeparadies.de • Mo.–Fr. 10–22.30 Uhr, Sa./So. 9–22.30 Uhr •

32 Freibad am Brauweg Großes, zentrumsnahes Freibad mit 10-Meter-Sprunganlage und Riesenrutsche. Legendär ist das Open-Air-Kino im Sommer. Brauweg 60 • Tel.: 0551 50709190 • Mo.–Fr. 6.30–20 Uhr, Lastminute-Tarif ab 18.30 Uhr, Sa./So. 8–19 Uhr •

33 Freibad Weende Schönes Bad, das Ruhezonen und zugleich viel Platz zum Spielen bietet. Mit 10-Meter-Sprunganlage und Riesenrutsche. Am Weendespring 1 • www.freibad-weende.de • Mo.–Fr. 6.30–20 Uhr, Sa./So. 9–19 Uhr •

34 Luisenhaller Badehaus Das Badehaus gehört zur Saline Luisenhall in Göttingen. Neben dem klassischen Natursolebad gibt es ergänzende Anwendungen wie Natursoledampfbad, Wannenbad, Sonnendusche, Inhalationen und Massagen. Greitweg 48 • Tel.: 0551 9972840 • www.siedesalz.de • Mo.–Fr. 8–22 Uhr, Sa, 10–20 Uhr, So. 10–17 Uhr, Mai–Sept. So. geschlossen, Juli/August Sommerpause

35 Naturerlebnisbad Grone Fast wie ein Badesee präsentiert sich dieses besondere Freibad im Stadtteil Grone. Um die ausschließlich von der Sonne beheizten Naturbecken wurden Felsen, Sandstrände und Holzstege angelegt, mit zahlreichen Spiel- und Sportmöglichkeiten. Greitweg • Tel.: 0551 61742 • www.goesf.de • Mo.–Fr. 9–20 Uhr, Sa./So. 9–19 Uhr •

36 Spielplatz am Kiessee Nah am See (zum Baden nicht geeignet!) und mit viel Grün, geeignet für Kinder im Alter von ein bis zwölf Jahren. Auf den Wiesen wird auch oft gegrillt. Sandweg 7

37 Spielplatz „Kletterwald" an der Schillerwiese Mit Kletterparcours und großen Wiesen drum herum. Geeignet für Kinder im Alter von drei bis zwölf Jahren. Hainholzweg

38 RoXx-Kletterzentrum Rund 400 Quadratmeter Kletterfläche als Innen- und Außenanlage und eine Wandhöhe von elf Metern warten darauf, erobert zu werden. Die Einrichtung gehört zum Hochschulsport, ist aber auch externen Kletterfreunden zugänglich. Sprangerweg 2 • Tel.: 0551 3910337 • www.roxx-kletterzentrum.de • Mo./Mi./Fr. 10–23 Uhr, Di./Do. 14–23 Uhr, Sa./So. 10–22 Uhr

INFORMATIONS-ABC

ANREISE

Mit dem Auto Göttingen liegt verkehrsgünstig direkt an der Nord-Süd-Achse A7 (Anschlussstellen „Göttingen" und „Göttingen Nord).

Mit der Bahn Der Bahnhof befindet sich nahe dem Zentrum und bildet eine Station für viele wichtige ICE- und IC-Verbindungen. Am Vorplatz halten die Stadtbuslinien 21, 23, 41, 42, 50, 61, 71, 72, die den Bahnhof mit allen Stadtteilen verbinden. www.bahn.de • Automatische Fahrplanauskunft: 0800 1507090 • DB-Service-Tel.: 0180 5996633

Mit dem Flugzeug Der nächste Flughafen befindet sich in Hannover-Langenhagen. Über die A7 ist er in ca. 1–1,5 Stunden erreicht. Auch die Anbindung mit Bahn und S-Bahn ist günstig. Servicetelefon: 0511 9770

BARRIEREFREIHEIT

Hotels, Gaststätten, Museen und Verkehrsbetriebe ermöglichen es auch Menschen mit Handicap, die Stadt Göttingen unbeschwert zu erkunden. Der Reiseführer weist durch seine Symbole auf einen barrierefreien Zugang hin.

Behindertenbeirat Göttingen Ansprechpartner für Menschen mit Behinderung • Stadt Göttingen • Hiroshimaplatz 1–4 • Raum: 139 (1. OG, Neues Rathaus) • Behindertenparkplatz: Sternstraße, Parkhaus Neues Rathaus • Tel.: 0551 4002159 • www.behindertenbeirat.goettingen.de • Sprechstunde: Fr./ jeden. 1. Mi. im Monat 10–11.30 Uhr und nach Vereinbarung

Barrierefrei studieren www.uni-goettingen.de/barrierefrei-studium

BARRIEREFREIHEIT

- Gehbehinderte
- Rollstuhlfahrer
- nur mit Hilfe zugänglich

FAHRRADVERLEIH UND -SERVICE

Call a bike Das Mietradangebot der Deutschen Bahn • www.callabike-interaktiv.de

Radelaktiv Friedrichstraße 1 • Tel.: 0551 5085866 • Mo.–Fr. 9.30–18.30 Uhr, Sa.10–14.30 Uhr

Filiale Radelaktiv Süd Geismar Landstraße 65 • Tel.: 0551 40137297 • Mo.–Fr. 10–18 Uhr

Radomat Weender Landstraße 41 • Tel.: 0551 34533 • www.radomat.de • Mo. 12–18 Uhr, Di.–Fr. 10–13.30/14–18 Uhr, Sa. 11–13.30/14–15 Uhr

INFORMATION

Tourist-Information Alle Informationen über die Stadt, Buchung von Stadt- und anderen Führungen, Vermittlung für die Wahl der richtigen Unterkunft, vielfältiges Informationsmaterial und Verkauf von Souvenirs. Markt 9 • Tel.: 0551 499800 • www.goettingen-tourismus.de • Apr.–Okt. Mo.–Fr. 9.30–18 Uhr, Sa./So. 10–16 Uhr, Nov.–März Mo.–Fr. 9.30–18, Sa. 10–13 Uhr •

MOBILITÄT

Göttinger Verkehrsbetriebe GmbH Das gut ausgebaute Streckennetz der Stadtbuslinien sorgt für Mobilität in Göttingen. Kundencenter: Markt 3 • Tel.: 0551 38444444 (Info-Hotline) und 384440 (Stadtbusse) • Vorverkaufsstellen und Informationen zu den Fahrplänen und Tarifen auch unter: www.goevb.de • Mo.–Fr. 9–18, Sa. 9.30–14 Uhr • Behindertenparkplatz: Stumpfebiel •

Hauptbahnhof Göttingen Reisezentrum mit Fahrkartenverkauf, DB-Service-Point und Gepäck-Center, Schließfächer, Parkplätze, Fahrradstellplätze, ÖPNV-Anbindung, Toiletten sowie stufenfreien Zugang und Ein- bzw. Umstiegshilfen. Bahnhofsvorplatz 1 • Tel.: 0551 498107553 • www.bahn.de • Mo.–Fr. 5.40–23.05 Uhr, Sa. 5.40–22.05 Uhr, So. 6.40–23.05 Uhr •

Parken Parkhaus Groner Tor • Parkhaus Hospitalstraße • Parkhaus und Parkplatz am Bahnhof (Berliner Straße) • Parkhaus Carré (Reitstallstraße) • Parkhaus Kaufland (Kurze-Geismar-Straße) • Parkplatz Schützenplatz • Parkplatz Stadthalle • Parkplatz Albaniplatz • Parkplatz am Geismartor

Park & Ride Parkplatz Schützenplatz Mit den Bussen der Linien 41, 42 sowie 71, 72 geht es vom Parkplatz direkt in die Innenstadt.

Regionalbus Braunschweig GmbH Infoturm auf dem ZOB • Tel.: 0551 19449 • www.rbb-bus.de • Mo.–Do. 8–17 Uhr, Fr. 8–15.30 Uhr •

Taxi Tel.: 0551 69300/66066/34034 • Tel.: 0551 484848 • Tel. 0551 34034 • Tel.: 0551 34005 • Tel.: 0551 305600 • Tel.: 0551 3067529 • Tel.: 0551 782828

ZEITUNG

Göttinger Tageblatt Die Tageszeitung liefert aktuelle Nachrichten aus Göttingen und der Region. Dransfelder Straße 1 • Tel.: 0551 9011 • www.goettinger-tageblatt.de

Trends & Fun Das Stadtmagazin bietet erstklassige Szene-News und mit der zweiten Edition „Charakter" ein eigenes Gesellschaftsmagazin. Stein-Medien GmbH • Rudolf-Wissell-Straße 18–20 • Tel.: 0551 389000 • www.trends-fun.de

REGISTER

ORTSREGISTER

PERSONENREGISTER

DANKESCHÖN

Die Autorin und der Verlag bedanken sich bei allen, die durch ihre Anregungen und Hinweise zum Gelingen dieses Reiseführers beigetragen haben, insbesondere beim Göttingen Tourismus e.V. und dessen Geschäftsführerin Angelika Daamen für die freundliche Bereitstellung von Bildmaterial.

ABBILDUNGSNACHWEIS

Göttingen Tourismus e.V.: S. 1, 4 (Gänseliesel), 21, 27, 67, 76, 90 (Fotos: Torsten Krüger); S. 2/3, 6, 12, 16, 17, 18, 34, 36, 40, 48, 52, 54, 66, 70, 74, 101, 103, 106, 112 (Fotos: Angelika Daamen); S. 5 (Karzer), 10, 60, 73, 79, 111, 118 (Fotos: Alciro Theodoro da Silva); S. 13 (Foto: Ingo Bulla); S. 59, 64 (Fotos: Lars Gerhardts); S. 92 (Foto: Alter Botanischer Garten)

Gräflicher Landsitz Hardenberg, Hardenberg-Wilthen AG S. 131

Kletterzentrum RoXx S. 15 (Foto: Sven Frings)

Christine Lendt S. 4 (außer Gänselieselbrunnen), 5 (Historisches Gebäude der Universitätsbibliothek, Nobelrondell), 7, 9, 11, 14, 20, 25, 28, 32, 35, 43, 44, 46, 49, 53, 55, 56, 62, 63, 65, 75, 77, 78, 80, 82, 83, 87, 88, 93, 94, 95, 99, 105, 107, 120–124, 126, 128

Saline Luisenhall GmbH S. 5, 104, 132

Theater im OP S. 5 (Foto: Maren Zeiss), 19 (Foto: Christa Gaisbichler)

Verschönerungsverein Dransfeld e.V. S. 113

Cover: Kirche St. Johannis (Foto: Alciro Theodoro da Silva)

Umschlagabbildungen hinten: Gänseliesel (Foto: Torsten Krüger), Nobelrondell, Altes Rathaus (Foto: Christine Lendt)

Innenaufnahmen mit freundlicher Genehmigung der Evangelisch-Lutherischen Kirchengemeinde St. Jacobi, des Instituts für Ethnologie, des Geowissenschaftlichen Museums und des Biologischen Instituts der Universität Göttingen sowie des Göttingen Tourismus e.V.

BILDLEGENDEN

S. 1: Doktorkuss für das Gänseliesel
S. 6: Fußgängerzone Weender Straße
S.10: Universitätsbibliothek, Neubau
S. 12: Schillerwiese mit Jérôme-Pavillion
S. 14: Kletterwald Schillerwiese
S. 16: Fahrräder am Bahnhof
S. 18: Deutsches Theater
S. 20: Marktplatz/Weender Straße
S. 36: Fachwerk in der Paulinerstraße
S. 48: Haus des Abel Bornemann (Barfüßer Straße 12)
S. 66: Stadtwall
S. 82: Campus mit Bibliothek
S. 94: Kerstelingeröder Feld
S. 106: Seeburger See
S. 114: Ansicht der Stadt von Südosten, Kupferstich, 1735

DIE AUTORIN

Christine Lendt hat sich als Journalistin und Autorin unter anderem auf Reisethemen spezialisiert. Die Wahlhamburgerin lebte zuvor in Göttingen, wo sie sich intensiv mit regionalen Besonderheiten und deren Geschichte beschäftigte.

Der Verlag und die Autorin freuen sich über Ihre Hinweise:
info@mitteldeutscherverlag.de

Haftungsausschluss
Die Angaben in diesem Reiseführer wurden gewissenhaft überprüft. Für die Aktualität, Korrektheit und Vollständigkeit übernimmt die Autorin keine Haftung. Die Autorin distanziert sich aus rechtlichen Gründen von allen Inhalten der aufgeführten Internetseiten. Auf aktuelle und zukünftige Gestaltung, die Inhalte oder Urheberschaft der angeführten Internetseiten hat die Autorin keinen Einfluss.

Redaktionsschluss: September 2017

Karten: Margot Engel, Leipzig

2. aktualisierte Auflage 2017
© mdv Mitteldeutscher Verlag GmbH, Halle (Saale)
www.mitteldeutscherverlag.de

Alle Rechte vorbehalten.

Gesamtherstellung: Mitteldeutscher Verlag, Halle (Saale)

ISBN 978-3-95462-013-5

Printed in the EU